악플과 왕따
죽어가는 인생 살리기

How to fight cyberbullying and win in Christ Jesus

"친절한 댓글 하나가
온라인 세상을 밝게 합니다."

"여호와께서 이와 같이 말씀하시되 네가 만일 돌아오면 내가 너를 다시 이끌어 내 앞에 세울 것이며 네가 만일 헛된 것을 버리고 귀한 것을 말한다면 너는 나의 입이 될 것이라. 그들은 네게로 돌아오려니와 너는 그들에게로 돌아가지 말지니라. 내가 너로 이 백성 앞에 견고한 놋 성벽이 되게 하리니 그들이 너를 칠지라도 이기지 못할 것은 내가 너와 함께 하여 너를 구하여 건짐이라 여호와의 말씀이니라. 내가 너를 악한 자의 손에서 건지며 무서운 자의 손에서 구원하리라."

- 예레미야 15:19-21

악플과 왕따
죽어가는 인생 살리기

써니박 지음

추천사

김영길 목사

우리 교회의 귀하고 신실한 종이신 써니박(박영선) 시장님께서 집필하신 책 '악플과 왕따, 죽어가는 인생 살리기'를 여러분들에게 추천을 드리고자 합니다.

이 책은 원래 스페인어로 출간되어, 부에나팍 지역의 라틴계 어린이들과 부모님들을 멘토링하는 데 큰 도움을 주었습니다. 하나님의 은혜로 이 책이 한국에 있는 독자들을 위해 나오게 된 것은 큰 축복입니다.

감사한인교회가 위치한 부에나팍시에는 라틴계와 한인들이 가장 큰 숫자의 소수계 인종을 이루고 있습니다. 이런 의미에서도 부에나팍시의 첫 소수계 시장을 하신 써니박 시장님이 이 책을 쓰신 것은 큰 의미가 있습니다.

오늘날 우리의 젊은 세대는 온라인과 오프라인에서 악한 댓글과 공격에 노출되어 있습니다. 심한 악플과 왕따로 인해 우리 젊은이들이 그리스도 안에서의 정체성과 소명을 잃을 위험에 처해 있습니다. 사이버 괴롭힘은 우리 젊은이들을 파괴하고 있는 사회의 아주 큰 이슈입니다.

추천사(가나다 순)

이것은 비단 젊은이들의 문제가 아닙니다. 현대를 살아가는 모두가 이런 고질병에 노출되어 있습니다. 말 한마디로 누군가를 해할 수도 있고 살릴 수도 있으니, 어떤 말을 하는지는 우리 영혼의 도착지를 결정할 수 있습니다.

이 책은 이러한 상황에서 그리스도의 사랑과 지혜로 싸워 승리하는 방법을 제시합니다. 써니박 시장님께서는 자신의 삶 속에서 인도하신 실제적인 주님의 방법을 소개함으로써, 독자들이 주님 안에서 강건하게 설 수 있도록 돕고자 큰 열정으로 이 책을 완성했습니다.

저는 이 책이 많은 이들에게 큰 위로와 도움이 되리라 확신합니다. 주님 안에서 사이버 괴롭힘에 맞서 승리하고자 하는 모든 이들에게 이 책을 적극 추천합니다.

주님의 은혜와 평강이 늘 함께 하시기를 기원합니다.

감사한인교회 원로목사

추천사

이기욱 장로

한인 이민자들이 가장 많이 살고 있는 LA에서 언론사 대표로서 고국의 소식을 발 빠르게 전하다 보면 안타까운 소식을 전할 때가 종종 있습니다. 특히 삶을 꽃피우지도 못한 어린 연예인이 악플에 쓰러져가는 소식을 접할 때는 너무 마음이 아팠습니다. 언론인으로서 이러한 사건을 바라볼 때, 악플을 유도하는 언론, 악플과 공생하는 언론이 가해자로, 방관자로 이 일에 가담하지 않았나 생각하게 됩니다. 언론의 생명인 정확한 사실 보도는 뒤로 한 채, 집단의 이익을 위해 악플을 마음대로 소비하는 모습을 보며 저 또한 언론인으로서 막중한 책임감을 느꼈습니다.

그런데 이러한 무책임한 언론과 악플의 공격에 고통받는 젊은 세대들에게 어떤 메시지를 전해야 하나 고민하던 중에 존경하는 써니박 권사님의 '악플과 왕따, 죽어가는 인생 살리기' 책 출간 소식을 듣게 되었습니다. 이 책은 이 시대를 살아가는 우리, 특히 온라인 세상을 살아가는 젊은이에게 꼭 필요한 책임을 확신합니다.

써니박 권사님은 미국 땅의 젊은 세대들이 하나님 안에서 소망을 품고 회개와 부흥의 영성을 회복하길 바라며 전심으로 일하시는 분이십니다. 권사님은 교회 안에서 중직자로서 역할 모범이 되실 뿐만 아니라 교회 밖에서도 변호사로서, BuenaPark 시의 시장으로서 그 역할을 훌륭히 감당하셨습니다. 또한, 미국 주류사회를 이끄시는 분이면서 동시에 노숙자와 히스패닉 커뮤니티를 위해 수고와 헌신을 다하는 귀한 사역을 하고 계십니다.

미국에서 소수인종 출신의 여성으로서 하나님의 영광을 위해 정치를 하실 때 마주해야 할 세상의 공격이 가히 만만치 않았을 것입니다. 특히 이 책은 정치인이라면 피하기 힘든 악플을 어떻게 믿음으로 이겨내셨지를 권사님의 생생한 삶의 경험을 통해 우리에게 들려주고 있습니다.

하나님의 일꾼으로 시장직을 감당하기까지 겪었던 영적 전투와 승리의 과정이 이 한 권의 책에 고스란히 담겨있음을 보며, 책을 읽는 모든 젊은이가 예수 그리스도 안에서 자신의 정체성을 찾고 어떤 악플의 공격에도 승리하는 주의 자녀들이 되기를 소망합니다.

미주 조선일보 LA 대표, 남가주 사랑의교회 장로

추천사

이순창 목사

목사로서 사역의 여러 요소 가운데 가장 중요한 일 중의 하나가 성도와의 소통이라고 생각합니다. 성도를 이해하고 목회의 방향을 잡아가는 일도 다 올바른 소통을 통해 이루어지기 때문입니다.

이러한 소통의 중요성은 저가 예장 통합 107회기 총회장을 맡으면서 더욱 절실히 느꼈습니다. 교단 소속 1만 교회, 2만여 명의 목회자, 3만 4천여 명의 장로님들과 소통해야 하는 임무가 주어진 것입니다. 모두 한뜻으로 하나님의 일을 하는 목회자와 장로님들이지만 때로는 이권이 개입되고 언론 플레이가 일어나며 악플이 난무하기도 합니다. 하나님께 기도로 나아가며 지혜를 간구하지만 피할 수 없는 것이 심리적 고통과 잠 못 이루는 밤이었습니다.

써니박 권사님의 저서는 미국에서 시장으로 일하며 겪은 일들을 통해 성도의 올바른 소통에 대해 가르쳐 주는 보배로운 글입니다. 온·오프라인에서 우리는 말로, 글로 소통을 하며 살아갑니다. 특히, 비대면의 소통, 즉, 온라인상의 소통은 상대방에 배려와 예의가 없이 악플의 파도에 쉽게 휩쓸리게 되는 특성이 있습니다. 그러나 성도는 "오직 덕을 세우는데 소용되는 대로 선한 말을 하여"라는 성경의 말씀을 의사소통에 적용해야 합니다. 우리가 보지 못하는 온라인상에서 반응하는 한 사람은 우리의 지체요, 고귀한 인격체임을 잊지 말아야 합니다.

특별히 미국 캘리포니아 성회 가운데 써니박 권사님과의 만남을 통해 '하나님이 찾으시는 에스더 같은 여종'이 될 것이라는 믿음을 갖게 되었습니다. 이 책을 만나면 악플의 공격이든, 언어의 공격이든 무조건 대응하지 않고 다만 성도된 우리는 하나님이 주신 생각을 품고 사랑으로 대화하고 소통해야겠다는 다짐을 하게 됩니다.

온·오프 공동체 안에서 은혜를 끼치는 소통으로 기쁨과 감사의 삶을 누리고자 하는 분들에게 적극 추천합니다. 이 책 안에 그 길이 보이기 때문입니다.

대한예수교장로회(통합) 증경총회장, 연신교회 담임
CTS기독교TV 공동대표이사 역임

추천사

이영훈 목사

우리는 미래를 상상하기 힘든 속도의 시대의 살고 있습니다. IT 시대를 넘어 AI와 ChatGPT 기술이 일상과 사고의 변화를 가져왔습니다. 시대의 변화를 깨닫고 대응한다는 것은 오늘을 살아가는 목회자와 성도들에게 꼭 필요한 일입니다. 예수님은 시대를 알고 살라는 의미로 "너희가 날씨는 분별할 줄 알면서 시대의 표적은 분별할 수 없느냐"고 말씀하셨습니다. 그러나 급변하는 시대적 흐름 속에 성도가 자신의 정체성(正體性)을 잃지 않고 살아간다는 것이 더더욱 힘들어지고 있습니다.

특히, 젊은이들이 악플의 파도에 쉽게 휩쓸려 하나님이 주신 말의 힘을 악의 도구로 사용하고 있다는 현실이 무척 안타깝습니다. 간간이 들려오는 정치인과 유명 연예인의 자살이 악플의 고통으로 인한 것임을 보며 교계가 이 문제를 심각하게 받아들여야 할 때임을 깨닫게 됩니다.

이러한 고민 중에 캘리포니아 감사한인교회(미주 순복음교단) 써니박 권사님이 이 책을 출간하신다는 소식을 듣게 된 것은 무척 반가운 일이었습니다. 본인이 신앙인으로, 정치인으로 직접 겪은 악플과 왕따의 이야기는 우리에게 공감과 위로를 주기에 충분합니다. 이 책이 더욱 귀한 것은 악플의 공격을 하나님의 방법으로 물리친 승리의 스토리이기 때문이다.

인생의 얘기치 못한 문제를 만났을 때, 어떻게 하나님 앞으로 나아가 그 어둠의 터널을 빠져나올 수 있는지 이 책은 박권사님의 생생한 증언으로 들려주고 있습니다. 또한 본인의 경험을 자세히 나누며 어려움에 처한 지체들을 돕고 일으키고자 하는 사랑의 마음도 이 책을 통해 고스란히 드러나고 있습니다.

특별히 다음세대 중·고·대학부와 청년들에게 써니박 권사님의 '악플 저주에서 축복'의 사역이 큰 성령의 물결로 임파테이션(Impartation 기름 부으심 옮겨짐) 되길 기도드립니다.

악플 뿐만 아니라 인간관계로 인한 어려움, 영적 침체에 빠져있는 모든 성도에게 이 책을 추천합니다.

승리를 선포하신 예수 그리스도께서 여러분과 함께 하실 것입니다.

할렐루야!

여의도순복음교회 담임목사, 기하성 총회장, 한기총 대표 역임

추천사

정영환 장로

오랫동안 법원과 학교에 근무하면서 지난 30여 년을 사회적 관계에서 큰 어려움 없이 무탈하게 지내왔습니다. 그러나 최근 국민의힘 공천관리위원장 임무를 수행하면서 매일 언론방송에 출연하게 되고, 이후에 달리는 수많은 댓글을 살펴보게 되었습니다. 선플보다는 악플이 압도적으로 많았고, 특히, 공천을 받지 못한 지지자들의 악플은 견디기 힘들 정도였습니다. '매수(買受) 당해서 공천을 주었다느니, 공천 받은 사람과 어떤 커넥션이 있느냐'느니 신앙인으로서 양심에 따라 공의롭게 임무를 수행하였지만 싸늘한 반응은 여전했고, 곱새길수록 가슴이 답답해지고 잔영이 남아 이루 말할 수 없는 고통이 수반되었습니다. 무릎을 꿇고 기도하면 그래도 좀 나아지지만 오늘은 또 어떤 악플을 보게 될까 하고 짓눌리는 마음은 어쩔 수 없었습니다.

이러한 어려움 가운데 있는 내게 써니박 변호사의 책은 타는 듯한 갈증을 해결해 준 시원한 생수 같은 책이었습니다. 정치인으로서 나와 비슷한 어려움을 당하셨지만 통쾌하게 이겨내신 서사(書史)가 내게 힘과 위로가 되었습니다. 정치 세계에서 미국도 우리와 별반 다르지 않은 악플과 거센 공격이 있음을 알 수 있었지만, 박변호사의 대응 방법은 사뭇 달랐습니다. 축복의 언어로 악을 선으로 갚는 모습은 바울과 같이 큰 감동이 되었습니다.

이 책은 우리가 악플의 유해한 난장판 속으로 들어가 마음과 몸을 다치지 않게 보호해 주는 방어막이 되어 줄 것입니다. 그리고 SNS에서 성도의 정체성을 다시금 돌아보고 바른길로 인도해 주는 가이드도 되어 줄 것입니다.

우리와 같은 부모세대들 뿐만 아니라 더 험난한 온라인 세상을 살아갈 다음세대들을 위해서도 이 책은 좋은 동행자가 되어 주리라 확신합니다.

미국에서 정치의 큰 거목(巨木)이 되시길 기도합니다.

온누리교회 장로, 한국법학교수회 회장 역임
국민의힘 공천관리위원장 역임

추천사

한기형 목사

우리는 유례 없는 팬데믹을 지난 몇 년간 겪으면서 많은 것을 경험했습니다. 교회는 성도 없이 목회자의 설교를 온라인으로 방송해야 했고, 성도들은 모니터 앞에 앉아 예배해야 했습니다. 성도들은 새로운 형태의 온라인 예배에 익숙해져 갔고, 현장 예배에 목말라 하면서도 온라인 예배의 편안함에 참된 예배의 모습을 잃어갔습니다. 엔데믹이 도래한 지금은 어떻습니까? 많은 교회들이 문을 닫았고, 성도들은 뿔뿔이 흩어져 개인 신앙생활을 하고 있습니다.

팬데믹 이후 우리는 점점 더 거룩함을 지켜내기 힘든 영적 공격의 시대를 살고 있습니다. 특히 인간관계의 공간이 상당 부분 온라인으로 옮겨간 오늘날, 그곳에서 온갖 악한 악플과 혐오, 범죄가 일어나고 있습니다.

이러한 시대에 때마침 박영선 권사님께서 악플에 대응할 수 있는 방패와 같은 책을 출간하셔서 반갑고 감사할 따름입니다.

악플은 어쩌면 우리가 모두 한 번쯤 만나게 될 영적 공격일 수 있습니다. 따라서, 이 책을 통해 악플에 대응하는 크리스천의 자세에 대해 고민하고 답을 얻는 시간이 우리에게 꼭 필요하리라 생각됩니다.

권사님은 시정 활동을 하시면서도 카운티의 성시화를 위해 깨어 기도하셨고, 한인 기성세대와 젊은이들이 담대하게 미국 사회에서 살아갈 수 있도록 변호사로서 돕는 일을 끊임없이 해 오고 계십니다.

기도의 무릎과 말씀의 능력으로 살아오신 권사님께서 이 책을 쓰시면서 또한, 얼마나 기도로 하나님 앞에 나아갔을지 짐작할 수 있었습니다. 이 책을 통해 영적 공격에 눌린 사람들이 자유함을 얻기를 소망합니다.

그리고 앞으로 펼치실 권사님의 사역 위에도 주의 은혜가 임하길 기도합니다.

미주 CBS TV 기독교방송 내표, 미주 성시화운동 본부 상임대표 역임
남가주 교회협의회 회장 역임

Prologue

프롤로그

그날 새벽, 잠을 자던 나는 내 영혼이 별들이 수 놓인 끝없는 은하계를 헤매며 말할 수 없이 깊은 상실의 블랙홀에 빠지는 것을 느꼈다. '이건, 뭐지?' 큰 돌이 얹어진 양, 무거운 가슴으로 간신히 새벽기도를 다녀오고 회사로 출근을 한 나는 컴퓨터를 켰다. 한국 뉴스에 헤드라인 기사가 떴다.
"부고, 이어령 전 장관 장녀 이민아 목사, 향년 53세."
그랬구나, 그래서 그렇게 힘이 들었구나.
민아 언니와 나는 닮은 점도 많았지만 다른 점도 많았다. 우리는 둘 다 한국에서 유학을 왔고, 로스쿨을 다녔다. 미국에서 살면서 각자 최선을 다해 좋은 변호사가 되기 위해 노력했다. 언니의 먼저 간 아들과 내 남편은 이름이 같았다. 우리는 같이 미국 교회를 다녔고, 무엇보다 하나님을 뜨겁게 사랑했다. 하지만, 언니는 유독 정리정돈을 못했다. 집에 가면 현관에 정리가 안 된 신발들이 몇십 개씩 쭉 놓여 있었다. 언니의 그런 모습이 자연스럽고 편안하게 다가왔다. 언니는 한번 말을 하면 계속해서 말을 이어 나가는 타고 난 말 재주꾼이었고 나는 그 반대였다.
"우리는 좀 느슨해질 필요가 있어!"
학교에서도 그랬지만, 신앙도 일등이 되어야 하는 우리의 비숫한 성품을 나는 '우등생 콤플렉스'라고 불렀다. 나는 은퇴를 하면 다음 세대 사역을 간절히 원했던 언니를 돕겠다고 내심 계획하고 있었다.

언니가 소천한 후 한국을 방문할 기회가 있었던 나는 이어령 교수님을 만났다. '정말 언니가 죽은 게 맞을까?' 위암에 걸렸다고 갑자기 미국의 모든 것을 정리하고 치료를 위해 한국에 돌아간 지 몇 개월 되지 않아 들은 소식이었기에 도저히 믿기지 않았다. 언니가 언제라도 "써니야, 나 하나님께서 다 치료해 주셨어"라며 문을 열고 들어올 것 같았다. 나를 위해서라도 확인이 필요했다.

사람들이 바쁘게 오가는 서울 시내, 모 신문사 건물에 있는 교수님의 집무실에서 찻잔을 놓고 마주 앉은 내게 이어령 교수님은 말씀하셨다.

"미국에 갔을 때 민아네 집에 갔는데, 이층에서 환한 웃음을 한 민아가 맨발로 '아빠!' 하고 내려오더라고요. 그 모습이 정말 소녀 같았어요. 하나님께서는 늙고 지친 나도 그렇게 보시겠구나 생각하게 되었어요. 그것이 내 딸이 남겨주고 간 유산입니다."

눈시울이 뜨거워지신 교수님을 보며 나도 울었다.

'나는 이제 뭐를 해야 하지?'

나의 '미래'라는 것이 한방에 날아가 버린 느낌이었다.

소울 타이(soul tie), 그 후로 나는 언니와 맺어진 소울 타이를 끊느라 참 많은 방황을 했다. 이제 돌고 돌아 나는 언니가 하늘나라를 갔을 때쯤의 나이가 되어 버렸다. 그 사이, 교회를 벗어나 뚜벅뚜벅 세상으로 걸어 나갔고, 많은 사람들의 기도와 도움으로 캘리포니아에서는 첫 번째 한인 여자 시장으로서의 임기를 마쳤다.

그러나, 쉽지 않은 여정이었다. 엎어지고 일어나고를 반복하면서도 신앙을 잃지 않았다는 것은 기적 같은 일이었다. 아니, 상황이 그럴수록 나를 더욱 붙잡으시는 하나님을 느꼈다. 시청에서 일하는 내내, 나는 바벨론에 포로로 잡혀 온 다니엘의 심정이었다. 하나님 앞에 바짝 엎드려 어디로 가야 할지, 누구를 만나야 할지, 무엇을 해야 할지를 간절히 기도할 때 주님은 말씀과 환상, 그리고 꿈으로 나를 이끌어 주셨다.

정치인으로서 나의 시작은 쉬운 게 아니었다. 세상의 눈으로 볼 때는 정말 최악의 방법이었다. 그러나, 생각할수록 그런 시작을 준비한 것은 바로 하나님이셨다는 것을 알았다. 나를 지으신 아버지가 자칫 타락하기 쉽고 악해지기 쉬운 정치 세계에서 나를 온전히 보호하시고 구별해 내시기 위해 쓰신 특별한 방법, 내 생각과 다르고 내 길과 달랐던 하나님만의 방식이었다.

"멘토가 되어 주세요!"

히스패닉 교회의 젊은이들이었다. 내가 가장 어려울 때 나와 함께 있어 준 이들, 작고 넉넉하지 않은 교회에서 내가 무엇을 해줄 수 있을까 고민할 때였다. 그들을 위해 스페인어로 'Valiente! 두려움이 없는 마음'이라는 제목의 책을 썼다. 히스패닉 젊은이들과 부모들에게 악플과 왕따, 사회적 차별과 어떻게 싸워나가야 하나를 알리기 위한 책이었다.

새로운 전쟁터가 되어 버린 사이버 세계에서의 악플과 댓글 공격은 정치인이나 유명인에게만 있는 게 아니다. 가정, 직장, 교회, 학교

등 우리의 삶이 닿아 있는 모든 곳에서 어른이나 아이 할 것 없이 무차별로 겪는 일이다. 어쩌면 리더가 되기 위해 꼭 겪어야 하는 공격이다. '하나님 안에서 내가 누군인가'를 알 때 우리는 이것을 넉넉히 이길 수 있다. 이런 내용을 담은 아주 짧은 책이었다. 그리고, 그 책이 '악플과 왕따, 죽어가는 인생 살리기'의 기초가 되었다.

그중 한 청년이 경찰이 되고 싶어 혼자서 오랫동안 기도하고 있었다. 나는 그것을 알게 되었고, 그 청년을 부에나팍시의 경찰국장이 주관한 시 행사에 초대했다. 행사에서 경찰국장에게 청년이 기도하고 있는 것을 말해 주었다. 몇 년이 지나고 최근 우연히 만난 부에나팍시 경찰국장으로부터 그 청년이 부에나팍시에서 경찰로 일하게 되었다는 것을 알게 되었다. 시장으로 했던 일 중에 가장 큰 기쁨을 준 일이었다.

돌아보니, 나도 모르는 사이에 다음 세대를 위해 뜨겁게 기도했던 민아 언니의 사역을 물려받아서 하고 있었던 것이다.

지금은 마지막 때이다. 처음부터 내가 할 일은 정당 정치에 매몰되는 것이 아니었다. 하나님의 왕국에는 오로지 한가지 당만 존재한다. 보수도 진보도 아닌, 하나님의 아들 예수 그리스도께 속한 사람과 그렇지 않은 사람이 있을 뿐이다. 정치인에게 주어진 책무는 모든 사람들이 경건과 단정함으로 고요하고 평안한 생활을 하게 섬기는 일이다(디모데전서 2:2). 하나님께서 지금 시대에 필요로 하는 정치인은 자신을 세우기 위해 당을 짓고, 험담하고, 공격하며 사람들을 분내게 하는 그런 사람이 아니라, 성령님과 함께 하나님의 나라가 이 땅에 세워지기 위해 동행하는 사람이다.

좋은 리더가 되는 것도 마찬가지이다. 오로지 구별됨과 거룩함으로 주님을 따라가려고 노력하는 사람, 하나님의 지혜로 순간순간 좁고 곧은 길을 가기 위해 용기 있는 선택을 하는 사람, 이것이 사악한 악플과 댓글 공격에도 거뜬히 살아남을 수 있는 리더의 모습이리라.

나는 아직도 다듬어지지 않는 사람이고 너무 부족하지만, 이 책을 통해 하나님께서 어떻게 나의 삶에서 역사하셨는지를 증거함으로, 마지막 시대에 일어날 많은 다니엘과 요셉 같은 하나님의 용사들이 악플과 왕따에 지지 않고 큰 용기를 얻어 부르심의 자리로 나아가게 될 것이라 믿는다.

차례 contents

프롤로그   **18**

Chapter 1   인생 최악의 날   **30**
지옥이 열리다 | 망망대해에서 | 그가 말씀하시다

Chapter 2   영적 세계   **50**
얘야, 그렇게 기도하지 마라 | 영안이 열리다
하나님과 다른 영 | 꿈으로 말씀하시다, 첫 번째 꿈

Chapter 3   악플과의 전쟁   **70**
조직 내의 악플 | 프레임 전쟁 | 왜 나를 그렇게 미워했을까?
현대인의 고질병, 악플 | 악플 속에 숨은 영적전쟁, 두 번째 꿈
세 번째 꿈

Chapter 4   악플로부터 자유함을 입으라   **94**
디지털 세대와 사이버 불링 | 악플을 만날 때 하나님께 나아가라
악플 대신 진리에 집중하라 | 악플을 별식처럼 즐기는 사람들

Chapter 5   정치 세계와 악플   112

하나님의 법정 | 작은 실수와 큰 실수 | 말 싸움에 엮이지 마라
두려움이 없는 마음

Chapter 6   내게 온 하나님의 사람들   136

길거리 노숙자의 시장 | 내 친구, 마릴리아
인디언 추장의 기도 | 부모의 중보기도

Chapter 7   위기 중에 만난 나   158

마음의 치유 | 하나님께 속한 자
교회는 어떻게 정치에 참여해야 하나 | 성령으로 리드하라
선으로 악을 이기라!

에필로그   180

악플과 싸우는 실제적인 전략   184

악플과 왕따
죽어가는 인생 살리기

Chapter 1

인생 최악의 날

지옥이 열리다
망망대해에서
그가 말씀하시다

악플과 왕따
죽어가는 인생 살리기

How to fight cyberbullying and win in Christ Jesus

청소년들과 노숙자 사역을 나간 롱비치에서

변호를 하기 위해 한 여자 의뢰인을 법원에서 만난 날 나도 모르게 불쑥 이런 말이 터져 나왔다.

"당신은 마음속에서 어떤 목소리를 항상 듣고 있지요?"

시끄러운 법정 복도에 놓인 불편한 나무 의자 옆에 나란히 앉아 있던 의뢰인에게 물었다. 그녀는 겁에 질려 내게 얼굴을 돌렸다.

"그 목소리는 누군가가 당신의 전화기를 해킹하고 있고, 사적인 이메일 내용을 다 모니터하고 있다고 하죠?"

그녀는 놀란 듯 더 커진 눈으로 나를 바라보며 물었다.

"그것을 어떻게 아세요?"

며칠 전 밤, 그녀를 위해 기도하고 있을 때 하나님께서 그녀의 상황이 어떤지 보여주셨다.

"그 목소리는 당신의 목소리인 것 같지만 당신이 절대 아니에요. 예수님의 음성을 들으세요. 예수님은 그 목소리보다 더 위대합니다. 예수님은 당신이 두려워하는 그 존재보다 훨씬 크신 분이세요."

나는 안타까웠다. 내가 아무리 변호사로서 최선을 다해 일해 준다 해도, 그녀가 듣고 있는 이 목소리를 거부할 수 없다면 언젠가 다시 저 길거리로 돌아가 노숙자의 삶을 되풀이할 것임을 잘 알고 있었다.

"저도 당신처럼 저를 누르는 내면의 목소리로 어두운 터널을 지나온 사람이에요. 그 목소리에서 벗어나 새로운 길을 걷기 원하시죠? 그렇다면, 제가 겪은 인생 최악의 날에 대해 말씀드릴게요."

아주 천천히, 긴 이야기를 시작했다.

"저는 단 한 번의 사건으로 오랫동안 두려움, 강박감, 소셜미디어에서의 악플과 협박을 마주해야 했어요. 그러나, 예수님께서 많은 사람들의 악플로부터 저를 이기게 하셨어요. 어떻게 주님께서 그 일을 하셨는지 이야기해 드릴게요."

그녀가 그녀를 두렵게 하는 그 목소리에서 자유함을 얻길 간절히 바라며 말을 이어갔다.

지옥이 열리다

인구 8만 명이 조금 넘는 작은 도시, 부에나 팍시는 서부 개척자들이 만든 도시이다. 디즈니랜드로 유명한 애너하임시의 근접도시이자, 너츠 베리 팜(Knott's Berry Farm)이라고 하는 미국 최초의 테마파크가 있다. 골드러쉬로 금을 캐 큰 부자가 될 꿈을 가진 초기 개척자들이 마차를 타고 미국 중서부에서부터 서쪽으로 오나가 정착한 곳이다.

이 작은 도시에서 나는 2018년 지방선거에 출마했다. 한인이 많이 사는 도시였고, 그전까지 나는 한인사회에서는 꽤 이름이 알려진 유산상속 변호사였다. 나의 부유한 의뢰인들은 후원금을 건네며 선거에 호응해 주었다. 그러나, 현역 백인 시장[1]을 이긴다는 것은 그리 녹록하지 않았다. 특히 소수인종인 나를 향한 지역 토박이들의 횡포와 텃세가 심했다.

시장을 지지하는 나의 반대파는 그대로 가면 선거가 어려워질 것이라 생각했는지 더티플레이를 시작했다. 봉사자들이 나를 지지하는 선거 푯말을 곳곳에 꽂아 두었는데, 그게 언젠가부터 감쪽같이 사라지는 것이었다. 어느 날, 미리 허락을 받고 선거 푯말을 설치한 어떤 건물주인에게서 연락이 왔다. 아침에 회사에 오니 자신이 허락하지도 않은 시장의 푯말이 건물 밖에 떡하니 설치되어 있었다고 한다. 급히 CCTV를 확인해 보니, 현 시장 남편의 모습이 찍혀 있었다. 그는 차를 세우고 트렁크에서 아내를 지지하는 푯말을 꺼내 그것을 설치하고 갔다. 그런데, 그날 바로 같은 장소에 있던 내 선거 푯말이 없어졌다는 것이다. 건물주인은 CCTV 영상을 가지고 경찰서에 가서 신고했지만, 시장의 눈치를 보는 경찰들은 제대로 민원을 받아주지 않았다. 내 속이 부글부글 끓기 시작했다.

선거 3주 전 아침, 지역구에 나가보니 여기저기에 몇백 개가 넘는 나를 비방하는 선거 푯말이 설치되어 있었다.

"Carpetbagger, Sunny Park!"

---

1) 미국의 도시에서는 시의원들이 순환제로 돌아가며 시장을 한다. 시의 크기가 30만명 이상의 큰 도시는 시장을 주민 직선제로 선출하기도 한다. 작은 도시의 경우 시의회에서 시의원들이 투표해 그 해의 시장을 임명한다.

Carpetbagger란 정치적 이익을 위해 지역구를 옮겨 다니며 선거에 나오는 정치 뜨내기라는 단어로, 자신이 사는 지역에 대한 자부심이 강한 미국 유권자들에게는 불쾌감을 주는 말이다.

운전을 하고 다니다 보니 푯말들이 나를 향해 손가락질하고 있는 것 같아 얼굴이 화끈거렸다. 지지자 중 한 분이 소유한 건물에 닿았다. 그는 사전에 이 건물에는 내 선거사인판만 설치할 수 있게 해 주겠다고 약속했다. 이곳에도 Carpetbagger라고 쓰여진 나를 비방하는 선거사인판이 세워져 있었다. 화가 머리끝까지 난 나는 이를 신고하기 위해 주인의 허락도 받지 않고 무단으로 세워진 불법 사인판을 증거물로 뽑았다.

조금 가다 보니 현역 시장의 지지자가 사인판을 꽂고 있었다. 내가 차에서 내리자 그는 비디오로 나를 찍기 시작했다. 그는 노리고 있던 약한 짐승을 잡아 너무 흥분한 듯 빠르고 큰 목소리로 내게 말했다.

"써니박, 왜 남의 푯말에 손을 대는 거죠? 당신이 지금 하는 짓은 도둑질이야."

기가 막힌 나는 그의 말에 반박하기 시작했다.

"이것 보세요. 이 사인판이야말로 불법이에요."

그는 나를 따라오며 계속 촬영했다.

"너는 도둑이야! 검사실에서 이제 곧 연락이 올 거고 너는 기소가 될 거야!"

얼마 지나지 않아 나는 시장의 남편과 함께 나타난 네 대의 경찰차에 둘러싸였다. 경찰 한 명이 다가와 내가 남의 사인판을 훔쳤기 때문에 경찰서로 가야 한다고 했다. 너무도 순식간에 벌어진 일이었다. 오렌지 카운티 소속 변호사인 남편은 방송에서 반대편이 올린 영상을 보고 너무 놀라 경찰서로 한걸음에 달려왔다. 그날 저녁부터 나를 찍은 그 영상은 삽시간에 번진 불길처럼 여러 미국 방송사의 저녁뉴스를 탔다. 집에까지 찾아온 미국 방송의 리포터를 돌려보낸 나는 뭐가 뭔지 이 황당한 사태를 어떻게 수습해야 할지 도저히 생각이 나지 않았다. 머릿속이 하얘졌다. 그런 나를 남편은 걱정스럽게 지켜보고 있었다.

거의 뜬눈으로 밤을 새운 다음 날 새벽, 성경책을 앞에 놓고 앉았다. 날개 꺾인 새처럼 위축되었던 내 마음이 왠지 선거를 반드시 완주해야 한다는 생각으로 가득 찼다. 나를 도둑으로 몰다니, 반대파의 함정을 우선 주민들에게 정확히 알려야겠다고 생각했다. 고집스럽게 나는 그때부터 3주간을 새벽부터 저녁까지 한 집, 한 집 다니며 상황을 설명했다. 그러나, 그들의 반응은 차가웠다.

"당신은 정치 뜨내기에다가 도둑인데 어떻게 우리의 대표가 될 수 있어요? 당신같은 한인들이 부에나팍시를 다 망치고 있는 거에요."

보이는 게 다가 아닌데 영상에서 본 것만 믿고 쌀쌀맞게 문을 닫는 타인종 주민들 앞에서 나는 울지 않으려 애써 참으며 발길을 돌렸다. 그들의 말이 날카로운 칼처럼 나의 심장을 파고들었다.

소문이 퍼지자 부에나팍시의 한인들이 결집하기 시작했다. 함정을 파 놓고 나를 모함하는 시장과 경찰들의 부조리를 바로잡기 위해서라도 반드시 한인들이 투표해야 한다고 독려했다. 백여 명의 한인 봉사자들이 일제히 한인 유권자의 집을 방문해 투표하는 법을 가르쳐 주었다. 유권자 등록이 안 된 사람들은 등록까지 시켜가며 혹 한 표라도 빠질까 모두 지역구를 누비고 다녔다.

선거 당일 개표 때 나는 시장보다 55표 정도 뒤지고 있었다. 한곳에 모여 개표를 지켜보다 결과에 실망한 봉사자들에게 감사를 표시한 후, 그대로 근처 교회의 기도실로 갔다. 선거도 선거였지만 내게는 선거사인판 일이 더 큰 걱정으로 다가왔다.

투표소에서 당일 투표 한 사람들보다 사전투표를 한 유권자가 많은 탓에 선거의 승패가 공식적으로 결정될 때까지 약 20여 일이 걸렸다. 그날의 개표결과는 매일 오후 5시가 되면 선거관리국의 웹사이트에 발표되었다. 5시만 되면 심장이 멎어버릴 것 같았다.

'왜 이런 일이 일어났을까?'

십자가 앞에 앉아 질문하고 질문했지만 하나님은 침묵하셨다.

기도실에 들어가 기도를 하고 있는 나에게 봉사자들은 개표 결과를 매일 알려주었다. 33표, 10표, 3표 차이, 거북이보다 더 느린 걸음으로 발표가 되었지만, 어느새 표가 역전되더니 16표에서 그대로 멈추어 버렸다. 승리를 알고 나는 기도실에서 천천히 걸어 나왔다.

그러나, 당선은 모든 고난의 시작일 뿐이었다. 선거사인판 사건으로 지옥문이 열리고 사람들을 선동하여 나와 내 가족, 나의 존재 자체를 공격하려는 사악한 영과의 영적 전쟁이 시작되었다.

반대파는 선거 푯말 사건으로 나를 탄핵하려 했다. 여러 가지 거짓말을 만들어 주검찰청, 카운티 검찰청, IRS(미국 국세청), 주세무국 등등에 나를 고발하며 끌어내리려고 했다. 어이없게도 그들이 설치한 불법 사인판, 그것도 한 개에 3달러짜리 사인판 몇 개를 제거한 이유로 나는 절도범으로 몰려 형사 재판에 부쳐지게 된 것이었다.

망망대해에서

온통 걱정에 사로잡힌 나를 본 남편은 오래전에 계획한 가족휴가를 꼭 가야 한다고 말했다. 이 상황에 여행을 가고 싶은 마음이 조금도 안 났지만 나는 가족들의 성화에 떠밀려 캐리비안 해안 주변을 도는 크루즈 배에 올랐다. 물론 가족들의 얼굴을 보고 그들의 목소리를 듣는 것은 내게 좋은 마음의 안정제였다. 그들은 나를 껴안으며 지치고 상처 입은 나의 마음을 위로해 주었다.

낮에는 가족들에게 애써 즐거운 표정을 하고 크루즈의 모든 일정을 함께 했다. 그러나, 밤은 달랐다. 내 신경은 무너져 거의 잠을 이룰 수가 없었다. 배에 오르기 전 내 페이스북 계정에 올라온 악플과 전화로 들어온 문자 폭탄이 좀처럼 머리에서 지워지지 않았다.

며칠 전부터 내 페이스북 계정에 가짜 계정으로 추정되는 여러 아이디로 이상한 사진들과 댓글들이 올라왔다. 어떤 악플은 정말 입에 담기에 더러운 말들도 있었다.

"써니박, 선거사인판만 훔친 게 아니라 목사랑 놀아났어!"

근거 없는 악플을 그대로 믿는 사람들은 댓글을 달기 시작했다.

"어머, 그 여자는 믿지 못할 사람이네요. 시의원 자리에서 내쫓아야 해요. 부에나팍시의 수치에요."

악플은 페이스북뿐만 아니라 여러 SNS 채널을 통해 퍼지고 있었다. 전화로 이상한 문자와 사진들이 들어왔다. 구급차 앞에 죽은 듯 누워있는 한국 여성의 시체, 피가 묻은 옷 등이 카카오톡, 전화, 문자, 페이스북 메신저를 통해 순식간에 퍼져가고 있었다.

애꿎게도 노숙자 사역을 하는 하와이 원주민 출신의 Big Bob 목사님의 사진이 캡처가 되어 내 페이스북 계정에 올라왔다.

Big Bob 목사님은 왕년 미스터 보디빌더로 미국을 주름잡다가, 유명 연예인들을 경호하는 사설 경비회사를 했다. 돈을 자루로 쓸어 담을 정도로 벌었지만, 자살의 위기까지 갔던 그는 극적으로 하나님을 만나게 된 후 매일 자기 돈으로 음식과 물을 사서 노숙자들에게 복음을 전하러 길거리를 다녔다. 개인 경호회사를 할 때는 한인들의 빚을 받아주는 일도 했는데, 자기가 빚을 받으러 가면 큰 체격과 생김새 때문에 반드시 돈을 받아 냈기 때문에 일거리가 아주 많았다고 한다. 나는 어떤 노숙자 관련 행사에서 그를 만났고, 생일이

Big Bob 목사님과 Change to Community (C2C) 청소년 봉사단체의 학생봉사자들과 길거리 노숙자 사역을 나가서

나와 똑같은 그는 나의 영적 멘토가 되어 주었다. 그 후 나는 종종 그의 아내 조앤이 만들어 주는 샌드위치를 가지고, 목사님의 여동생인 다이아몬드와 함께 엘에이, 롱비치, 애너하임 등으로 노숙자 사역을 나가곤 했다.

Big Bob 목사님은 당선이 확정되기 전, 내가 전 시장에게 뒤처져 있을 때 이렇게 물었다.

"써니박, 정치를 왜 합니까? 예수님을 위해서 하는 겁니까, 아니면 자신을 위해서 하는 겁니까?"

나는 머뭇거림 없이 말했다.

"당연히 예수님을 위해서 하는 것이죠!"

Big Bob 목사님은 하와이언 훌라춤을 추면서 대답했다.

"그렇다면 당신은 꼭 이길 거에요. 예수님은 언제나 승리하시는 분이니까요!"

나 때문에 이런 Big Bob 목사님의 명예까지 실추된다는 것이 미안해 페이스북 계정을 닫아 버릴지 물었다. 그러나, 그는 고개를 저었다.

"써니박, 나는 걱정하지 않아도 됩니다. 페이스북 같은 가상현실에서 가짜 계정이나 만들어 사람을 괴롭히는 악한 사람들에게 눌려서는 안됩니다. 이런 악플 뒤에 있는 어둠의 세력과 기도로 싸워서 우리 예수님께서 현실 세계뿐 아니라 SNS의 가상현실 세계(virtual reality world)에서도 이기실 수 있다는 것을 보여줘야 합니다."

Big Bob 목사님은 여행을 가는 내 손에 성경책을 쥐여 주었다.

하나님을 믿기 시작할 때부터 내게는 작은 버릇이 있었다. 힘든 일이 생기면 성경책을 새로 사서 마음 닿는 대로 읽어 나가다가, 그중 내 마음을 움직이는 구절에 밑줄을 긋는다. 마음에 이제 다 되었다는 생각이 들 때까지 계속 성경을 읽다가 줄 친 부분들만 다시 읽어 나가면 어느새 그 말씀들이 그 상황에 꼭 맞는 하나님의 말씀이 되어 내게 다가왔다.

어쩔 수 없이 크루즈 배에 올랐지만, 망망대해에서도 내 영혼은 안식을 찾을 수 없었다. 낮에는 조금 나아지는 것 같다가도, 밤이 되면 바다 위 끝이 보이지 않는 칠흑 같은 어둠처럼 내 마음은 어두워졌다. 밤은 끝없이 길어 보였다. 침대에 누워 몇 시간 잠을 자고 깨어 일어나면 떨리는 몸과 식은땀에 시달렸다. 가족과 함께 사용하는 작은 선실에서 깨어난 나는 숨이 막혀 다시 잠자리에 들 수 없었다. 일정을 마치고 육지로 돌아가는 마지막 날 밤, 나는 조용히 선실을 빠져나왔다.

크루즈 배의 한적한 레스토랑에 앉아 성경책을 펴 들었다. 크루즈에 올라 매일 밤 읽었던 구절, 오렌지색 형광펜이 줄 쳐진 부분들만 다시 읽기 시작했다. 그러다가, 나의 눈은 예레미야 15장 19절에서 21절에 오래 머물렀다.

> "여호와께서 이와 같이 말씀하시되 네가 만일 돌아오면 내가 너를 다시 이끌어 내 앞에 세울 것이며 네가 만일 헛된 것을 버리고 귀한 것을 말한다면 너는 나의 입이 될 것이라. 그들은 네게로 돌아오려니와 너는 그들에게로 돌아가지 말지니라. 내가 너로 이 백성 앞에 견고한 놋 성벽이 되게 하리니 그들이 너를 칠지라도 이기지 못할 것은 내가 너와 함께 하여 너를 구하여 건짐이라 여호와의 말씀이니라. 내가 너를 악한 자

의 손에서 건지며 무서운 자의 손에서 구원하리라." (예레미야 15:19-21)

육지로 돌아가기 전, 나는 어떻게 하나님께 돌아가야 할지 고민하며 내가 살아온 과거와 마주해야 했다.

그가 말씀하시다

나는 불교와 무속신앙이 혼합된 분위기의 평범한 가정에서 자랐다. 나는 학교에서 전교 일, 이등을 놓치지 않는 모범생이었다. 목표가 세워지면 결단코 물러나지 않는 강한 성격에 무조건 모든 일에 일등이 되어야 한다고 생각했다. 지나칠 정도로 승부욕이 강한 아이였다.

그러던 내가 20대 후반 혼자서 로스쿨에 가기 위해 한국을 떠나 샌프란시스코로 유학을 가게 되었다. 로스쿨에서 만난 남편과 결혼을 하고 한국으로 가는 대신 미국에 살며 이 땅이 나의 나라가 되었다. 미국에 올 당시 나의 목표는 좋은 변호사가 되는 것이었다. 뉴욕대학교에서 세금법 석사를 한 덕분에 베버리힐즈에 있는 미국 로펌에서 유산상속 변호사로 첫 직장을 시작했다. 그 후 한인으로는 거의 처음으로 부유한 손님들을 상대로 유산상속 일을 했다.

사춘기 때 친구를 따라 교회에 가기는 했지만 대학을 가고 나서는 좋은 사람과 결혼하고 좋은 직장 잡는 게 나의 가장 큰 관심사였다. 그러던 내가 외로운 유학 생활 중에 우연히 나가게 된 샌프란시스코의 상항 순복음교회에서 예수님을 인격적으로 만나게 되었다. 성령체험을 하게 되었고, 새벽기도를 하다가 그대로 하늘나라에 갔으면 좋겠다고 기도하기도 했다. 그 후 회사 일에도 최선을 다해 일등이 되어야 한다고 생각했고, 거의 모든 봉사직을 다 섭렵하면서 정말 열성으로 교회를 다녔다.

변호사의 꿈을 이룬 후 나의 목표는 돈을 많이 벌어 편안히 은퇴한 후 친한 언니가 하는 목회를 도와서 행정일을 하는 것이었다. 언니와 나는 같은 동네에서 서로 오가는 이웃이자 신앙 친구였다. 언니는 해변이 보이는 멋진 저택에 살며 커다란 요트를 가지고 있었는데, 우리는 같이 카탈리나섬으로 다니기도 하고 또 주일에는 열심히 교회생활을 하며 그렇게 믿는 것이 잘 믿는 것이라 생각했다.

그런데, 어느 날 언니가 갑자기 위암으로 천국에 갔다. 죽기 전 오년간 언니의 삶은 욥기의 욥이 살아나온 것 같았다. 하버드 로스쿨은 떼어 놓은 당상이라던 언니의 첫째 아들이 갑자기 죽고, 언니는 실명의 위기를 맞았다. 그 후 언니는 신학을 공부하고 목회자로 안수를 받았는데 안타깝게도 얼마 지나지 않아 한국에서 53세의 젊은 나이에 하늘의 부름을 받았다. 이분은 바로 작고하신 이어령교수님의 따님인 이민아 변호사였다.

언니가 갑자기 죽은 후 내 신앙에는 큰 혼란이 왔다. 이렇게 교회를 열심히 다니는데, 도대체 뭐가 뭔지 전혀 이해할 수가 없었다. 더듬이를 잃은 곤충처럼 방향을 잃고 상실감과 우울감 속에 헤맸다. 이런 감정을 떨쳐 버리기 위해 나는 한인 2세들이 하는 변호사협회에서 무료법률 상담 봉사에 자원했다. 열심히 협회를 섬기던 나는 금세 변호사협회 회장으로 추대되었고, 우연한 기회에 당시 캘리포니아 상원의원장을 만나게 되었다. 그는 한인들이 그렇게 많은데 내게 정치를 해보는 게 어떻겠냐는 권유를 했고, 그로 인해 나는 정치 세계에 입문하게 되었다. 캘리포니아의 수도인 새크라멘토에서 정치인들과 교류하면서 나는 점차 권력과 힘의 상징인 정치 세계에 빠지게 되었다. 내 앞에 어떤 어려움이 기다리고 있을지 정말 몰라도 한참 몰랐다.

> "그러므로 어디서 떨어졌는지를 생각하고 회개하여 처음 행위를 가지라"(요한계시록 2:5)

말씀하신 하나님께서는 그분을 뜨겁게 사랑했던 나의 첫사랑을 어디서 내가 잃어버렸는지 보여주기 시작하셨다.

얼마나 멀리 온 것일까? 해변에서 수영하다 나도 모르는 새 파도에 밀려 너무 멀리 온 것을 깨달은 사람처럼 패닉에 빠졌다.

'아니야!' 고개를 강하게 저었다.

예레미야의 말씀을 기억하려 했다. 가치 없는 것이 아니라 귀한 것을 취하면 하나님의 입이 될 것이라는 그분의 약속을 붙잡고 힘차게 육지를 향해 돌아가기 시작했다.

기도문

예수님을 삶에 받아들이는 기도

악플과 왕따로부터의 진정한 자유는 하나님을 믿는 믿음에서 시작됩니다. 하나님은 우리를 만드셨기 때문에 우리에게 평안과 자유를 주실 수 있습니다. 여러분이 이 책을 통해서 얻으실 수 있는 것 중에 가장 중요한 것은 예수님을 통해 하나님의 자녀가 되는 것입니다. 다음의 기도를 따라 읽으시고, 예수님을 삶에 받아들인 후 이 책을 읽으신다면 여러분이 고민하고 계시는 악플과 왕따의 문제에 대해 정말 많은 도움을 얻으리라 믿습니다.

하나님 아버지,
저는 죄인임을 고백합니다. 창조주이신 하나님을 모르고 제 인생을 제 마음대로 살았습니다.
제 마음의 욕심을 따라 산 죄를 회개하오니 용서해 주시옵소서.
예수님께서 저를 구원하시기 위해 십자가에서 저를 대신해 죽으셨고 성령의 능력으로 부활하셨음을 믿습니다.
이제부터는 예수님을 저의 구세주와 제 삶의 주인으로 모시기를 원하오니, 오셔서 저의 삶을 인도해 주시옵소서.
이 시간 저의 마음을 주님께 열고 성령님을 초청합니다. 제 마음에 임하셔서 저를 온전히 다스려 주시옵소서.
예수님 이름으로 기도합니다. 아멘.

기도에 도움이 되는 성경 말씀

- 영접하는 자 곧 그 이름을 믿는 자들에게는 하나님의 자녀가 되는 권세를 주셨으니 (요 1:12)

- 내가 진실로 진실로 너희에게 이르노니 내 말을 듣고 또 나 보내신 이를 믿는 자는 영생을 얻었고 심판에 이르지 아니하나니 사망에서 생명으로 옮겼느니라 (요 5:24)

- 베드로가 이르되 너희가 회개하여 각각 예수 그리스도의 이름으로 세례를 받고 죄 사함을 받으라 그리하면 성령의 선물을 받으리니 (행 2:38)

- 네가 만일 네 입으로 예수를 주로 시인하며 또 하나님께서 그를 죽은 자 가운데서 살리신 것을 네 마음에 믿으면 구원을 받으리라 사람이 마음으로 믿어 의에 이르고 입으로 시인하여 구원에 이르느니라 (롬 10:9-10)

악플과 왕따
죽어가는 인생 살리기

Chapter 2

영적 세계

얘야, 그렇게 기도하지 마라
영안이 열리다
하나님과 다른 영
꿈으로 말씀하시다, 첫 번째 꿈

악플과 왕따
죽어가는 인생 살리기

How to fight cyberbullying and win in Christ Jesus

동양인을 상대로 한 묻지마 식의 아시안 혐오범죄로 커뮤니티 전체가 공포에 빠졌을 때, 혐오범죄 반대 행사에서

우리가 사는 세계는 보이는 세계와 보이지 않는 세계로 이루어져 있다. 눈에 보이지 않는 세계를 흔히 영의 세계, 사차원의 세계라고 한다. 영의 세계와 눈에 보이는 육의 세계는 서로 깊은 상관관계를 가지고 영원을 향해 힘차게 달리고 있다. 땅에서 묶이면 하늘에서 묶이고, 땅에서 풀면 하늘에서도 풀린다는 성경 말씀은 인간이 동전의 앞면과 뒷면처럼 떼려야 뗄 수 없는 두 개의 세계에 공존하는 존재라는 것을 말한다. 육의 세계에서 일어나는 일은 그냥 일어나는 것이 아니라 영의 세계에서 이미 벌어진 그런 일들이 작은 시간 차이를 가지고 나타나는 것이다.

하나님을 믿지 않는 사람들은 눈에 보이는 세계가 모든 것인 양 살고 있지만 하나님을 믿는다는 것은 보이지 않는 영의 세계가 존재한다는 것을 믿는 것이다. 우리에게 일어나는 모든 일은 보이지 않는 세계와 밀접한 관계를 맺고 있다.

십자가 사건을 보자.

인간적인 시각으로 보면 대제사장들과 장로들, 로마 총독 빌라도, 그리고 군중 앞에 선 예수님의 재판과정은 정치적, 종교적 사건이었다. 종교계의 통념을 깨는 혁신적인 메시지로 병든 자를 치유하고, 귀신 들린 자들의 억압을 풀어주며, 요즘 말로 큰 팔로워를 만들며 돌풍처럼 나타난 청년 예수. 그 예수를 받아들일 수 없던 종교계의 기성세력과 점차 커가는 예수의 영향력에 정치적 위협을 느낀 정치세력이 자신들의 기득권을 지키기 위해 만든 사건이 십자가 사건이다. 영적 세계를 도무지 알지 못한 그들에게 예수는 죄인 바라바보다 나을 것이 없는 한 인간이었을 것이다.

그러나, 보이지 않는 것을 볼 수 있는 사람들에게 십자가는 하나님께서 그의 아들 예수로 하여금 우리의 죄를 대신 담당하게 하시고, 사람과 천사, 모든 창조물 앞에서 예수님께서 만물의 머리가 되시는 권세를 선포하신 영적 사건이었다. 창세부터 있으신 하나님의 아들 예수께서 죽음을 뛰어넘어 승리하신 분이라는 것을 사탄 앞에서 공식적으로 선포하신 놀라운 사건이었다.

예수님의 재판에 가담했던 대제사장들과 장로들, 빌라도는 죽었지만, 예수님은 지금도 살아 계시고 영원히 살아 계신다. 이천 년이 훨씬 지난 지금도 예수님께서는 하나님의 우편에 앉아 성령님을 통해 역사하고 계신다. 십자가가 없었더라면 우리는 여전히 온갖 저주에 묶여 고통받고 있을 것이다. 그러나, 예수님은 우리를 자유롭게 하셨고, 재림을 통해 우리에게 다시 오실 것이다. 예수님이 다시 오실 때까지 보이지 않는 영역인 영의 세계에서는 수많은 일이 일어나고 있다.

얘야, 그렇게 기도하지 마라

성경은 "우리가 주목하는 것은 보이는 것이 아니요, 보이지 않는 것이니 보이는 것은 잠깐이요 보이지 않는 것은 영원"(고린도후서 4:18)하다고 말한다.

너무도 많이 읽었던 구절이고 유산상속 변호사로 일할 때 만나는 부유한 고객들에게 틈만 나면 전했던 구절이었다. 많은 재산을 두고도 정작 자녀들과 편하지 못한 관계 때문에 고민하는 분들, 돈 때문에 진정한 평안을 누리지 못하는 분들을 만나면 위로 삼아 종종 인용했던 구절이다. 그때 내 나이는 40대였고, 인생의 뜨거운 맛을 보지 못한 아직도 젊은 변호사 시절이었다.

보이는 세계와 보이지 않는 세계의 관계에 대해 머리로만 알았지 가슴으로 알지 못했을 때 나의 기도 생활은 정말 뒤죽박죽이었다. 잠깐 있다 가는 보이는 세계에 살면서 영원히 있을 보이지 않는 세계를 위해 어떻게 나의 인생을 균형 있게 살아야 할까? 항상 이런 균형을 잡지 못해 나의 기도 생활은 잠깐 있을 세상의 삶에 집중되어 있었다.

신앙생활 초반부터 나는 기도하는 것을 좋아했다. 치열한 경쟁을 뚫고 대학에 들어가고 나니, 성공 가도에 올라 빨리 모든 걸 성취해야 한다는 사회적 분위기가 나를 기다리고 있었다. 내 앞에는 불확실한 미래가 끝없이 놓여 있었다. 이런 답답함을 안고 기도하러 교회에 갔고, 그 응답으로 20대 후반에 미국 유학을 가게 되었다. 처음부터 기도의 열매를 경험하자 기도하는 게 재미있었고, 그 후 교회의 기도팀을 통해 병 치유, 방언 통변, 영 분별 등 여러 은사도 경험했다. 그러나 어느 날 하나님께서 내게 이런 마음을 주셨다.

"애야, 그렇게 기도하지 마라. 네가 하는 기도는 세상 사람들도 하는 그런 기도다."

바라는 것만 비는 기도, 잘 먹고 잘 살기 위해 하는 그런 기도, 문제가 생기면 하나님께 금식 기도, 작정 기도, 새벽 기도, 밤샘 기도 이런 각종 기도로 원하는 것을 얻을 때까지 하나님을 붙잡고 늘어지는 이런 기도를 말씀하시는 것 같았다.

물론 기도하지 않고 인간적인 방법으로 문제를 풀거나, 심한 경우 점쟁이나 무당을 찾아가는 것보다는 어떤 기도라도 하는 게 낫다. 하지만 기복적인 기도의 문제는 원하는 것을 하나님께 다 얻어내고 문제가 없어지면 다시 세상으로 돌아간다는 것이었다. 내 기도의 초점이 영원한 나라가 아닌 지금 이 세상에서 문제없이 편안히 살기 위한 육신적인 기도로 전락했다는 것을 깨달았다.

내 인생의 최악이었던 그날로 돌아가 보자. 지역구를 다니며 해맑은 미소로 셀카를 찍어 소셜미디어에 올리고 있던 나. 내심 갖고 있는 선거자금과 한인 유권자 숫자만 믿고 자신만만하게 쉽게 이길 거로 생각했던 나를 어둠 속에서 조용히 따라다니며 일거수일투족을 살피고 있던 무리가 있었을 줄 누가 알았겠는가? 그들은 은밀하게 언제 어디서 어떻게 나를 해칠지 호시탐탐 노리고 있었고, 그 계획이 이루어지던 그 시간에 나를 함정에 빠뜨렸다. 아니, 내가 그 함정에 쏙 빠져버린 것이다.

이것이 우리의 모습이다. 하나님을 믿지만 온통 삶의 중심은 세상과 눈에 보이는 것에 집중하고 있어 막상 보이지 않는 세계에서 우리의 건강, 재정, 미래, 관계를 무너뜨리고 파괴하기 위해 우는 사자처럼 우리를 삼키고 죽이려는 악한 영의 계략을 모르고 살아간다. 그러다 순식간 죄로 인해 혹은 시험을 통해 사탄의 역사에 빠져 하나님과의 관계가 깨어지고 인생이 뒤집히는 깃이다.

악한 영적 존재들이 사람들을 선동하고 격분하게 하여 내 삶에 크게 역사하고 있다는 것을 깨닫자, 문제 해결식의 뒷북치기 기도가 얼마나 의미가 없는지 알게 되었다.

영안이 열리다

구사일생으로 시청에 입성한 내게 만만치 않은 환경이 기다리고 있었다. 나를 체포했던 경찰들은 자신들의 직속 상관이 되어 버린 나와 연결되는 것을 부담스럽게 생각했다. 시 행사에서 사진이라도 찍어야 하면 나를 피해 멀찌감치 서는 것이 느껴졌다. 모두 선거사인판 사건이 말도 안 되는 정치쇼라는 것을 알고 있었지만, 법정 시비가 걸려 있는 나와 엮이길 두려워하며 나를 무슨 바이러스라도 되는 양 슬슬 피했다.

업무처리능력이 뒤떨어지면 안 된다고 생각한 내가 하루하루 고된 나날을 보내고 있던 어느 날, 어떤 사람이 급히 면담을 요청했다. 멋진 회색 양복을 입고 한눈에 보기에도 성공한 사업가인 그는 비서를 대동하고 시청으로 왔다. 맞은 편에 앉아 유창한 언변으로 자신의 계획을 얘기하고 있던 그의 얼굴을 보고 있던 나는 깜짝 놀랐다. 그 사람의 얼굴과 겹쳐 동시에 그 사람의 뒤통수가 보이는 것이었다. 그 뒤통수에 눈, 코, 입이 있는데 그 입에서 나오는 말들이 허공에 영화의 자막처럼 보이는 것이었다. 놀랍게도 내 눈으로 읽히는 그 말은 내가 지금 귀로 듣고 있는 말과는 전혀 다른 말이었다.

"제가 사무실에 뭔가를 두고 온 거 같습니다. 잠시 기다려 주시겠습니까?"

벌떡 일어난 나는 집무실로 가 문을 걸어 잠그고 급히 기도를 시작했다. 그러자 성령님께서 전혀 생각지도 못한 것을 알게 하셨다.

이 사람이 지금 내가 하는 말을 녹음하고 있다는 것이다. 그 사람은 사냥꾼이 짐승을 잡기 위해 덫을 놓고 기다리는 것처럼, 내가 그것에 빠지기를 기다리고 있다는 것을 알려 주셨다. 나는 재빨리 미팅을 마쳤다.

그 후, 내게 이상한 일이 생기기 시작했다. 사람을 만나면 그의 얼굴과 몸, 때론 목소리에서 어둠 혹은 밝은 빛을 느끼게 되고, 내 안의 모든 감각이 살아나기 시작했다. 시의회당 방청석의 빈 좌석에 햇빛처럼 빛나는 어떤 영적 존재들이 와서 앉아 있는 것 같았다. 이들은 나를 위해 기도하는 친구들이었다. 반대편 사람들이 시의회당에 무리 지어 몰려와 사납고도 화난 얼굴로 있다가 공개 발언 시간에 나를 공격하는 말을 하는 날이면 여지없이 이런 밝은 존재들이 시의회당을 가득 채우고 있음을 감지했다.

나를 겁박해 내가 스스로 물러나길 원하던 반대파의 행동이 더욱 거칠어지자, 사태의 심각성을 눈치챈 경찰은 시의회당의 의원석 주변에 경찰을 배치하기 시작했다. 이들이 시청 주차장에 내 이름이 적힌 주차 사인판을 부수고, 그것을 페이스북에 자랑스럽게 올리자 내 신변을 보호하기 위한 어쩔 수 없는 조치였다.

미국에서의 언론의 자유는 포괄적이어서 신체적인 해를 가하겠다는 협박이 없이는 접근금지 명령을 받기가 어려웠다. 반대파는 법을 잘 알고 있었고, 법의 테두리 안에서 가장 강력하게 나에게 무언의 압력을 넣고 있었다. 이런 이유로 자연스럽게 일상 속에서 적지 않은 경계심을 가지게 되었다. 그중에서도 공식 행사가 늦게 끝나면 어두운 주차장으로 갈 때가 가장 큰 문제였다. 직장이 있는 남편이 나를 24시간 따라다닐 수도 없고 참 난감했다. 누군가가 수풀에 숨어 있다가 나타나 나를 해하려 할지 모른다는 공포와 두려움에 빠졌다.

'두려워하면 스스로 내가 자리에서 물러나길 바라는 이들에게 지는 거야.'

속으로 계속 이렇게 되뇌었다.

그날도 반대파들이 나를 탄핵하겠다는 사인판을 들고 시 행사에 나타났다. 시끄러워진 행사장을 떠난 나는 열심히 기도하며 차로 향했다. 그런데 어디선가 낯선 남자가 나타났다.

"의원님, 어두운데 혼자 가시네요. 저도 저쪽으로 가는데 차까지 함께 가도 되겠죠?"

순간 흠칫 한 나는 주차장 가로등에 비친 그의 얼굴을 보았다. 뒤를 돌아보니 행사가 있었던 빌딩 앞에 아직도 사람들이 서 있는 것이 보였다. 그의 얼굴에는 내 마음을 풀어줄 만한 부드러운 웃음이 있었다. 나는 그와 함께 차가 있는 방향으로 걸었다. 나는 재빨리 차에 타고 백미러로 그 사람을 찾았다. 그러나 주차장 어디에도 그 사람의 모습은 없었다.

나는 천사를 만나 환상을 보는 것에 대한 선교사들의 간증을 많이 들어보았다. 문명과는 거리가 먼 아프리카 오지에서 순교를 각오하고 주의 일을 하는 선교사들에게 이런 경험은 드물지 않을 것이다. 그러나 이런 환상과 영안의 열림은 그들에게만 있는 것이 아니었다. 누가 더 영적이기 때문에 발생하는 현상도 아니었다. 극한 상황 때문에 정말 어려워하며 하나님께 간절히 의지하는 자에게 자연스럽게 생기는 일이라는 것을 알게 되었다.

하나님과 다른 영

하나님을 믿기 전, 나는 어렴풋이 영적 세계가 있다는 것을 느끼고 있었다. 내가 7살 때였다. 당시 내가 살던 지역에 일본에서 온 어떤 신흥 종교가 활발히 포교를 하고 있었다. 외할머니를 따라 나는 그 종교 집회에 갔다. 아랫목이 따뜻한 아주 큰 방에서 모두 방석을 깔고 앉아서 주술 같은 말을 되풀이하고 있었다. 어린 나는 그게 너무 신기해서 할머니 옆에서 열심히 그것을 따라 했다.

할머니 댁은 족제비, 여우, 토끼 같은 동물의 털을 가공해서 모피 회사에 납품하는 사업을 하셨다. 초등학교에 갓 들어간 나는 다 아는 것만 가르쳐 주는 학교에 가고 싶지 않았다. 한 곳에 앉아 있으려면 자꾸 발이 뜨거워져 양말을 벗었고, 수업 시간에 양말을 벗는다고 주의가 산만하다며 선생님께 야단을 맞았다. 그런 학교가 싫었던 나는 할머니를 따라서 일터에 나가기 시작했다. 학교보다는 밖에서 토끼와 놀다가 들로 산으로 꽃을 따러 다니는 게 훨씬 재미있었다.

사람들은 할머니와 사업을 의논하기 위해 사무실로 자주 찾아왔다. 옆에서 나는 어른들의 이야기를 귀담아듣게 되었고, 그분들이 가고 나면 내 마음에 떠오른 생각들을 이렇게 얘기를 하곤 했다.

"할머니, 그 아저씨는 이제 곧 망하는데 절대 돈 빌려주시면 안 돼요."

곧 큰 건이 성사되면 모든 것이 풀릴 거라며 한참 허풍을 치고 돌아간 한 분에 관한 이야기였다. 나는 그냥 내 마음에 생각나는 대로만 말했을 뿐인데 그분에 대한 나의 말은 맞았다.

이렇게 계속해서 사람의 마음을 읽고 앞일에 대해 할머니께 말씀드렸다. 할머니는 나를 참 영특한 아이라고 귀여워 해 주셨다. 아주 어린 나이에 어렴풋이 사람은 영적 존재이며, 우리를 감싸고 있는 다른 영적 존재와 세계가 있다는 것을 알게 되었다. 그런 세계는 어떤 세계인가 궁금했다.

오랜 시간이 흐른 후, 예수님을 인격적으로 만나게 되면서 성경을 통해 나는 이전과는 다른 영적 세계에 대해 배우게 되었다. 로스쿨을 마칠 즈음이었다.

'이거, 꼭 붙어서 한국으로 돌아가야 하는데' 변호사 시험에 대한 은근한 걱정이 들자 나는 작정 기도를 시작했다. 고시 학원에서 온종일 공부를 하고 집에 와서 30분씩만 기도하자며 시작한 기도가 전혀 예상치도 못하게 한 시간이 되고, 두 시간이 되더니 점점 시간이 늘어나게 되었다. 그러면서 많은 회개를 했고, 방언 은사를 받게 되었다.

그런데, 예수님에 대한 기쁨도 잠시, 밤이면 가위에 눌리기 시작했다. 폭력과 마약 사건이 간간이 일어나는 샌프란시스코의 도심지에 살다 보니, 여기를 가도 저기를 가도 내 주변을 감도는 검은 그림자를 떨쳐낼 수가 없었다. 너무 무서웠지만 누구에게도 털어놓을 수 없어 하숙방에 모든 불을 다 켜 놓고 자기 시작했다. 시험공부는 거의 포기하고 악한 기운들을 물리치기 위해 하는 기도를 멈출 수가 없었다.

성경은 하늘과 땅에는 많은 영이 있다고 말한다. 우리가 사는 땅과 하나님이 계신 천국을 이어주는 눈에 보이는 '공중'에는 공중 권세를 잡은 자들이 있다. 공중 권세를 잡은 영적 존재들은 우리가 사는 지역, 나라, 가정, 직장 등을 두루 다니며 인간의 삶에 깊이 관여한다. 이렇게 세상은 불순종 가운데서 활동하는 영, 마귀와 귀신들의 영향력에 놓여 있다.

그러나, 에베소서 2장 1절에서 6절은 성도의 신분을 이렇게 말하고 있다. 예수 그리스도를 영접한 자, 그의 피로 새롭다 함을 받은 사람은 이런 영들을 무서워할 필요가 없다. 우리의 자리는 십자가를 통해 저주가 아닌 축복의 자리로 바뀌었기 때문이다. 성경은 예수님의 죽음과 부활로 우리는 지금 하늘나라에 그분과 함께 앉아 있다고 말한다.

하나님과 믿는 자가 연결되는 방법은 기도이다. 우리의 문제 해결을 위해서가 아니라 하나님과의 소통을 위해 항상 기도에 힘쓰면 하나님께서는 지혜와 하늘의 자원을 주셔서 모든 문제를 넉넉히 이길 수 있도록 해 주신다. 이게 더 깊은 기도로 들어가야 하는 이유이다.

시험공부보다 기도를 더 많이 하던 나를, 하나님께서는 외면하지 않으시고 변호사 시험에 단번에 합격시켜 주셨다. 변호사가 되자 이성적이고 논리적이어야 하는 직업인인 내가 이렇게 말로 설명할 수 없는 영적 세계를 느끼고 본다는 것이 왠지 부끄럽게 생각되었다.

세금법을 공부하기 위해 뉴욕으로 이사를 간 나는 말씀 중심의 장로교회에 출석하게 되어 말씀을 공부하기 시작했다. 그곳은 무디 목사님(D.L. Moody)이 뉴욕에 올 때마다 설교를 했다는 전통 있는 장로교회였다.

당시에는 몰랐지만 그것은 성령과 말씀에 균형이 잡힌 크리스천이 되기를 원하신 하나님의 인도였다. 놀랍게도 말씀을 읽을수록 성경은 하나님께서 어떻게 사람과 함께 하나님의 구속사를 써가고 계신지로 가득 차 있었고, 우리의 이성과 논리를 뛰어넘는 보이지 않는 세계가 있음을 알게 했다.

꿈으로 말씀하시다, 첫 번째 꿈

지옥의 열린 문으로 나온 어둠의 사자들과 싸우기 시작하자 하나님께서 내게 로스쿨 때 부어 주신 성령의 은사들을 다시 깨워 주셨다. 두려움에 부르짖으며 기도하자 하나님께서는 내게 환상과 꿈으로 앞으로 일어날 일에 대해 말씀해 주셨다.

"그 후에 내가 내 영을 만민에게 부어 주리니 너희 자녀들이 장래 일을 말할 것이며 너희 늙은이는 꿈을 꾸며 너희 젊은이는 이상을 볼 것이며"(요엘 2:28)라는 말씀처럼 꿈으로 나의 마음을 굳세게 잡아 주셨다.

나의 첫 번째 꿈은 다음과 같았다.

몹시 추운 한겨울 건물을 짓기 위해 준비해 놓은 듯한 공사장을 지나고 있었다. 눈보라가 치고 바람이 불었다. 공사장 중간쯤 모닥불을 피우고 세 남자가 웅성웅성 모여 있었다. 추운 것을 피하고자 모닥불 쪽으로 걸어가던 나는 얼어붙은 듯 발걸음을 멈추었다.

가까이 가보니 그들은 반신반인, 얼굴은 짐승인데 사람의 몸을 가지고 있었다. 눈과 코는 승냥이처럼 코가 비쭉하게 나오고, 하얗고 날카로운 이빨이 입 밖으로 튀어나온 모습, 유리처럼 빛나는 눈동자, 손과 발은 짐승의 털로 가득한 모습이었다. 사람과 같은 몸으로 모닥불 주위를 어슬렁거리며 뭔가에 화가 단단히 난 듯했다.

"이것이 안 넘어가네. 괘씸한 것, 본때를 보여줘야 하는데 꼭 넘어

뜨려야 하는데."

분이 나서 이런 말을 할 때마다, 숨을 크게 몰아쉬는 통에 이들 입과 코에서 나오는 입김을 볼 수 있었다. 영물들의 입과 코에서 나오는 입김에 가운데 있던 모닥불은 꺼질락 말락 그 빛의 강도가 점차 줄어들고 있었다. 동시에 내 마음도 세찬 눈보라에 흔들리는 듯 그 힘을 잃어 갔다. 이들이 나를 보지 못하게 해 달라고 온 힘을 다해 기도하기 시작했다. 그 순간, 하늘에서 투명한 방탄막이 내려와 모닥불을 감쌌다. 순식간에 나타난 방탄막에 모닥불은 다시 힘을 얻어 활활 타기 시작했다. 기도하고 있던 내 마음도 힘이 생겼다. 화가 머리까지 나 으르렁대는 세 마리의 영물을 뒤로하고 나는 재빠르게 그 공사장을 빠져나왔다.

영적 전쟁에서 이겼구나!

잠에서 깨어 교회로 뛰어간 나는 기도로 주님께 감사드렸다. 예레미야 15장 20절, 21절을 급히 메모지에 써 시청으로 들어갔다. 그리고, 집무실과 내가 앉는 시의회당 의원석에 말씀을 붙여 놓았다. 시 직원들이 보지 못하게 한국말로 이 구절을 적어 놓은 나는 시간이 날 때마다 이 말씀을 묵상했다.

> "내가 너로 이 백성 앞에 견고한 놋 성벽이 되게 하리니 그들이 너를 칠지라도 이기지 못할 것은 내가 너와 함께 하여 너를 구하여 건짐이라. 여호와의 말씀이니라. 내가 너를 악한 자의 손에서 건지며 무서운 자의 손에서 구원하리라." (예레미야 15:20~21)

주님이 주신 언어로 우리가 끊임없이 기도할 때 하나님은 영적인 세계에서 벌어지고 있는 일들을 분별하게 해 주심으로써 그것을 삶에서 어떻게 풀어야 할지, 어떻게 피해가야 할지를 알게 하신다. 문제가 있든 없든 우리는 성령님과 동행하기 위해 항상 깨어 기도하고 있어야 한다. 이것이 하나님께서 원하시는 더 깊은 기도의 삶이다.

기도문

영적 전쟁에 대한 기도

하나님 아버지,
주님, 제 안에 있는 탐욕, 수다, 게으름, 거짓, 교만, 음란, 분노 등의 죄를 회개합니다. 저는 하나님의 자녀입니다. 예수 그리스도께서 저를 위해 십자가에 매달려 죽으심으로 저를 이런 죄의 저주에서 건져 내셨음을 고백합니다. 예수님의 보혈로 저는 의롭다 함을 받았음을 고백합니다.
제 안에 있는 예수님은 승리하셨고, 저도 그와 함께 세상에 대해 승리했음을 믿습니다. 제 안과 밖에 예수님을 아는 것에 대적하여 높아진 모든 것을 무너뜨리고, 제 생각과 입을 다 그리스도 예수에게 복종시킵니다.
보이지 않는 세계로부터 제 환경과 사람을 통해 역사하려고 하는 모든 악한 것을 대적합니다. 저의 싸움은 혈과 육의 것이 아니라, 정사와 권세와 어둠의 주관자와 세상에 있는 더러운 악한 영이니, 하나님의 전신갑주를 입고 대적합니다. 구원의 투구, 복음의 신발, 진리의 허리띠, 의의 흉배, 믿음의 방패, 말씀의 검으로 저를 무너뜨리려고 일어나는 모든 악한 영으로부터 하나님께서 저를 지켜 주실 것을 믿습니다.
저를 치려고 제조된 모든 연장이 쓸모없게 될 것임을 선포합니다. 주님께서 저를 직접 보호하시고, 저를 지혜와 지식과 총명과 모략과 재능과 하나님을 두려워하는 영, 그리고 하나님의 영으로 채워 주실것을 믿습니다. 주님의 강한 팔로 저를 붙들어 주시고, 저를 평안과 평강으로 인도해 주실 것을 믿습니다.
십자가에서 승리하신 예수그리스도 이름으로 기도합니다. 아멘.

기도에 도움이 되는 성경 말씀

- 근신하라 깨어라 너희 대적 마귀가 우는 사자 같이 두루 다니며 삼킬 자를 찾나니 너희는 믿음을 굳건하게 하여 그를 대적하라 이는 세상에 있는 너희 형제들도 동일한 고난을 당하는 줄을 앎이라 (벧전5:8-9)

- 마귀의 간계를 능히 대적하기 위하여 하나님의 전신 갑주를 입으라 우리의 씨름은 혈과 육을 상대하는 것이 아니요 통치자들과 권세들과 이 어둠의 세상 주관자들과 하늘에 있는 악의 영들을 상대함이라 (엡6:11-12)

- 그런즉 너희는 하나님께 복종할지어다 마귀를 대적하라 그리하면 너희를 피하리라 (약4:7)

악플과 왕따
죽어가는 인생 살리기

Chapter 3

악플과의 전쟁

조직 내의 악플
프레임 전쟁
왜 나를 그렇게 미워했을까?
현대인의 고질병, 악플
악플 속에 숨은 영적전쟁, 두 번째 꿈
세 번째 꿈

악플과 왕따
죽어가는 인생 살리기

How to fight cyberbullying and win in Christ Jesus

부에나팍시의 저소득층 청소년을 위한 Boys & Girls Club에서
부에나팍시의 첫 Women's Day 행사에서 봉사자들과 함께

악플의 사전적 정의는 "타인을 악의적으로 비하하는 목적으로 하는 댓글"이다. 약칭으로 이것을 악플이라 부르며, 이는 악성 리플의 줄임말이다. 영어로 악플하는 사람을 지칭해 Troll이라는 단어를 쓴다.

Troll은 온라인에서 대화를 방해하거나 사람들의 반응을 끌어내기 위해 타인에게 고의로 비방하는 말, 경멸하는 말, 화나게 하는 말을 하는 사람을 뜻한다.

카톡방에서 생각 없이 적은 한 두 마디, 말의 진위도 따지지 않고 단 댓글, 이런 말에 사람들은 힘들어한다. 선생님이나 부모 등 권위 있는 사람들이 생각 없이 한 말에 아이들의 미래가 파괴될 수 있다. 친구들끼리, 동료끼리, 그룹방에서 한 말 한마디에 누군가 자살을 생각할 수 있다.

오래전, 말의 힘에 대해서 짧지만 명확한 메시지가 담긴 영상을 보았다. 말의 힘을 시험하기 위해 어떤 사람이 화분 두 개에 같은 종류의 식물을 심었다. 빛, 물, 바람 등이 똑같은 환경에서 식물을 기르며, 한 식물에는 칭찬을 하고 다른 한 식물에는 부정적인 말을 퍼부었다. 그러자, 얼마 후 부정적인 말을 들은 식물은 시들어 죽었고, 칭찬을 들은 식물은 싱싱하게 살아 있었다.

영상의 메시지는 확실했다. 말은 힘이고, 말로 생명과 죽음을 가를 수 있다는 것이다.

조직 내의 악플

단톡방에서 어떤 사람이 등장하자마자 전체 방의 분위기를 망쳤다. 다른 사람의 말에 트집을 잡더니, 그가 발끈하고 퇴장해 버린다. 단톡방의 분위기가 싸해진다. 이것을 본 사람들은 종일 기분이 나쁘다. 한사람으로도 이렇게 전체가 피해를 볼 수 있는데, 이런 성향의 사람이 한 단톡방에 두 명 이상 있다고 가정해 보자. 사람들이 모여 있는 카톡방, 소셜미디어, 소그룹 등의 공동체에서 악플이 미치는 악한 영향력은 가히 공동체를 폭파해 버릴 강력한 힘을 가진다.

조직의 리더가 되어 본 사람은 조직의 생리를 잘 알 것이다. 어머니들의 모임이든, 교회 중직들의 모임이든, 정치 조직이든, 어떤 조직이든 핵심구성원이 있다. 이들은 조직의 분위기, 방향, 중요한 일들을 만들어 나가며 조직이 하는 일의 결과에 대한 책임을 지는 사람들이다. 핵심구성원 말고도 주변 세력들이 있다. 이들은 핵심구성원에 직간접적인 영향력을 행사하며 조직의 문화를 만들어 간다. 마지막으로 조직을 이루는 소극적인 구성원들이 있다.

언뜻 보면 조직의 리더가 공동체를 움직여 가는 것 같지만, 악한 의도를 가지고 악플을 만들어 내는 사람들이 공동체를 장악하기 시작하면 하루 사이에 리더가 조직으로부터 밀려나는 것은 다반사로 있는 일이다. 그들은 조직에서 악한 말을 퍼뜨리고, 핵심구성원을 분열시키며 그것을 지켜보고 있는 소극적 구성원들의 마음을 악한 말로 오염시킨다. 이렇게 하면 부흥하던 교회의 임직자가 자리를 잃어버리고, 회사의 고위 간부가 자리에서 떨어져 나가고, 정치인이 하루 사이에 탄핵의 대상이 될 수 있다. 딱 두 사람만 마음먹고 악플을 만들어 내고 퍼뜨려 나가면 그 공동체를 무너뜨리는 것은 식은

죽 먹기다.

악한 목적으로 사람들이 뭉쳐서 한 사람이 악플을 하고 다른 사람이 댓글을 달고, 악플을 시작한 사람이 그것에 맞장구를 치고, 이렇게 사람의 입을 거쳐 갈 때마다 거대한 눈사태가 되어 사람을 파괴하고 공동체를 파괴한다. 악플이 점점 사람을 거쳐 나가다 보면, 사람들은 악플의 내용 중 어디까지가 진실이고 어디까지가 거짓인지 생각해 볼 겨를도 없이 악플의 영향력에 휩싸이게 된다.

악플을 만들어 내는 사람은 대개 100 퍼센트 거짓말은 하지 않는다. 완전한 거짓말은 금방 꼬리가 잡히기 때문이다. 악플을 함께 할 마음이 맞는 협력자를 찾기 위해서라도 완전한 거짓말은 피한다. 보통의 양심을 가진 사람은 거짓말을 하면 마음에 꺼려지기 때문에, 반쪽짜리 거짓말로 슬쩍 유혹하는 게 악플 친구를 만드는 손쉬운 방법이다. 어떤 경우는 법적 책임을 피해 가기 위해서라도 완전한 거짓말을 하지 않는다. 피해갈 길을 열어 놓는 것이다. 조금의 진실과 큰 거짓을 적당히 빚어 악한 의도를 이루어 나가는 것이다.

프레임 전쟁

정치 세계에서 흔히 잘 사용되는 프레임은 악플과 만나면 멀쩡한 후보를 범죄자로 만들기도 하고, 이런 전략으로 선거를 승리로 이끌어 낼 수도 있다. 사회생활에서도 비슷하다. 조직적으로 사람을 돌려놓고 왕따를 만들려는 악한 생각으로 그러는 것이다. 프레임을 위해 쓰는 악플은 단순히 질투, 시기의 수준을 넘어 악한 목적을 가지고 듣는 사람들을 조종하는 데 있다. 프레임 전쟁이 이제는 정치에만 국한된 것이 아니라, 상품을 파는 마케팅 전략으로도 많이 쓰이는데 경쟁사를 누르기 위해서 퍼뜨리는 유언비어가 바로 그것이다.

프레임이란 생각의 틀이다. 프레임의 사전적 정의는 "인간이 성장하면서 생각을 더 효율적으로 하기 위해 생각의 처리 방식을 공식화한 것"이다. 인간은 어떤 조건에 대해서 거의 무조건 반응하는 경향이 있다. 프레임을 '마음의 창'으로 비유하는데, 그 이유는 어떤 상황이나 대상을 접했을 때 마음에 미리 프로그램화된 생각의 방식, 즉 프레임에 따라 그 해석이 바뀌고 반응이 정해지기 때문이다.

언어학자 조지 레이코프(George Lakoff)는 프레임을 '특정한 언어와 연결되어 연상하는 사고의 체계'라고 정의했다. 프레임은 우리가 사용하는 모든 언어와 연결되어 있고, 우리가 듣고 말하고 생각할 때 우리 머릿속에는 늘 프레임이 작동한다고 레이코프는 주장한다.

선거에서 프레임은 아주 중요하다. 네거티브 선거전략을 쓰는 이유는 프레임을 만들고 그것을 덮어씌워서 상대를 공격함으로 가장 쉽게 선거를 이길 수 있기 때문이다. 소셜미디어와 기술의 발전은 프레임을 만들고 그것을 순식간에 전파하는 일등공신이다. '소문은 내가 신발을 신고 밖으로 나가기 전 벌써 지구의 한 바퀴를 돌았다'라는 속담이 있다. 이제는 마음만 먹으면 SNS상에서 클릭 하나와 리트윗 하나로 프레임을 급속히 전파할 수 있다. 온라인으로 한 사람을 죽이고 살리는 것은 아주 쉬워졌다.

팬데믹으로 온라인 커뮤니티들이 많이 생겨 났고, 온라인 커뮤니티나 단체방에서는 내 얼굴과 실명을 쓰지 않고도 얼마든지 활동할 수 있다. 익명성과 비밀보장 덕분에 악플과 가짜 뉴스를 생산해 내는 일이 너무 쉬워졌다. 책임지지 않고도 쉽게 남에 대해 말하고도 전혀 양심의 가책이 없어진 것이 현대사회이다.

기술혁신으로 인해 프레임의 전파력도 강해졌지만, 프레임을 전파시킬 표적 그룹을 찾는 것도 쉬워졌다. 알고리즘이 작동해 컴퓨터는 나의 모든 생활 방식, 취향, 취미를 파악하고 있다. 나도 알지 못하는 사이에 나는 프로그램 속에 입력되고 있다. 특정한 주제에 대해 유튜브를 매일 보다 보면 내게 이미 프로그램화된 소식들이 전달되는 것이다. 처음에는 능동적, 자발적으로 온라인을 검색했는데 차츰 컴퓨터가 내게 보내는 정보를 수동적으로 받아들이게 된다.

한 번은 너무 라면을 먹고 싶은 생각이 있어서 "아, 라면이 먹고 싶네"라고 말한 적이 있다. 주변에는 아무도 없었고, 나는 컴퓨터를 켜고 일을 하고 있었다. 그러다 스마트폰에서 뉴스를 보기 위해 유튜브를 켜니 내가 전혀 검색하지 않은 라면 관련 영상들이 나타나는 것이다. 깜짝 놀란 나는 누가 컴퓨터의 카메라로 나를 감시하나 무서운 생각에 컴퓨터와 전화기를 껐다 켰다를 반복했다. 아마 많은 사람이 이런 경험을 했을 것이다.

과거 취재를 하고, 이야기를 쓰고, 인쇄하고 집까지 배송되어야만 각종 소식을 접했던 때와는 달리 편하고 쉽게 내게 다가오는 온라인 소식을 계속 듣다 보면 편향적인 사람이 되기 쉬운 이유가 이것

때문이다. 정치의 양극화가 되는 것은 이렇게 온라인상에서 나도 모르는 사이에 메아리로 가득한 방 안에서 같은 말을 반복적으로 듣기 때문에 다른 생각이나 사상은 받아들일 수가 없게 된다. 이러한 현상을 에코 체임버[2](Echo Chamber) 효과라고 부른다.

전문적으로 정치를 하는 프로들은 어떻게 메시지를 만들고 어떻게 그것을 유포할지를 잘 알고 있으며, 가장 적절할 때 프레임을 만들고 악플과 댓글로 어떤 뉴스도 조작할 수 있다. 정치가 돈의 전쟁이 되는 이유는 돈을 풀어서 SNS를 장악하면 유권자를 에코 체임버에 가두고, 계속해서 같은 메시지를 보내 그를 세뇌할 수 있기 때문이다.

나도 이런 프레임에 걸린 적이 있다. 2022년, 시장을 하며 나는 한국의 도지사 정도인 오렌지 카운티 수퍼바이저[3] 선거에 도전했다. 당시 반대세력은 내가 레즈비언이고 동성애를 좋아한다는 가짜뉴스를 퍼뜨렸다. 이런 오해로 인해 교계에서 나를 보는 시선은 그리 곱지 않았다. 그리고, 선거일 얼마 전, 나도 모르게 누군가가 나의 사진을 도용해 한인 신문에 큰 광고를 냈다. 내가 어떤 정치 의제를 지지한다는 광고였는데 내가 낸 광고가 아니었다. 선거팀에서 광고를 낸 사람들에게 항의했지만 이미 타이밍이 늦었다. 신문광고를 보신 어떤 장로님으로부터 연락이 왔다.

"아니, 크리스천이 왜 이런 광고를 냈나요?"

---

2) 하버드 로스쿨 교수 캐스 선스타인(Cass R. Sunstein)이 제시한 용어로 자신의 가치관에 맞는 것만 반복적으로 수봉하고 소비하는 것을 뜻하며 빈향실 효과, 메아리방 효과로도 번역된다.
3) '수퍼바이저'란 도시보다 큰 지역구 단위인 카운티를 담당하는 직책으로 한국의 도지사 정도의 권한을 가지며 카운티는 대개 5명의 수퍼바이저가 함께 공동 관리한다

제가 그런 것을 제 돈을 쓰고 냈을 리가 있습니까? 무작정 보이는 대로 믿을 것이 아니라고 설명해 드렸다. 이런 거짓 메시지를 만들고 유포하는데도 엄청난 돈과 시간이 드는데 누가 왜 이것을 만들었을까? 이 메시지를 통해 누가 이익을 보는 걸까? 누가 피해를 보는 것일까? 이렇게 종합적으로 분석을 하면, 과연 우리가 보는 정치 메시지가 믿을 만한 가치가 있는지를 좀 더 현명하게 결정할 수 있을 거라고 말씀드렸다.

왜 나를 그렇게 미워했을까?

선거사인판 사건을 겪으면서 내가 가장 궁금했던 것은 왜 그들이 그렇게 써니 박을 미워했는가였다. 그들 중 누구와도 특별한 원한 관계를 맺은 적이 없다. 그들 중 대부분의 사람은 선거를 하기 전까지 만나보지도 못한 사람들이었다. 그러니, 그 이유가 너무 궁금해지는 것이었다. 잘 알지도 못하는 사람을 왜 그렇게 심하게 나쁘게 얘기하는 것일까? 시간이 지나면서 나는 이것이 거미줄처럼 오랫동안 엮여져 있던 먹이사슬에서 시작된 것을 어렴풋이 알게 되었다.

백인 중심이던 이 도시에 1992년에 있었던 LA 폭동으로 비즈니스와 생활기반을 잃어버린 한인들은 좀 더 안전하고 학군이 좋은 북부 오렌지 카운티 지역으로 이주하게 되었다. 이로 인해 한인들을 위한 대형 슈퍼마켓, 식당, 비즈니스 등 한인 상권이 부에나팍시에 생겼다. 때마침 부에나팍시 시의원들의 도움으로 한인 시의원이 당선되었다. 그런데 어떤 일이 있었는지 한인 시의원을 상대로 검사실에 익명의 투서가 들어왔다. 이분은 기소를 당하고 재판을 했는데 안타깝게도 죄를 확정받게 되었고 임기를 끝내지 못했다.

이런 흑역사를 배경으로 스펙만 믿고 나온 내가 시의원이 된 것이었다. 지방의 토착 세력은 나를 그 한인 시의원처럼 임기를 마치지 못하고 쫓겨날 것이라 장담했다. 한인들은 다 거짓말쟁이고, 믿을 수 없다고 악플을 해댔다. 이들뿐만이 아니었다. 이미 시를 중심으로 활동하고 있던 일부 한인들도 일제히 나를 공격했다. 이들은 나의 일거수일투족을 감시했다. 내가 시의원이 되면 부에나팍시를 한인타운으로 만들 거라며 한인과 다른 인종이 반목하게 했고, 커뮤니티 행사 때문에 지역구에 있는 힌두사원에라도 가면 그것을 가지고 내가 예수님을 배반한 유다라도 된 양 생트집을 잡았다. 20년을 변호사로 성공적으로 일해 온 내가 정치를 하며 나도 모르는 사이 프레임에 걸려 버린 것이었다.

현대인의 고질병, 악플

온라인 괴롭힘과 악플은 사회적 살인이다. 캐나다에 아만다 토드라는 유튜버가 있다. 그녀는 자신의 유튜브 채

널에 영상물을 게시하고 다양한 콘텐츠를 제작하여 인기를 끌었다. 그러나 사회적 악플과 온라인 괴롭힘으로 자살했다. 죽기 얼마 전, 그녀는 자신이 악플로 인해 어떻게 협박받았고 고통받는지를 영상으로 만들어 올렸고, 그녀가 죽은 뒤 그 영상은 천오백만 뷰를 기록했다. 국제 여론도 그녀의 사건을 앞다투어 보도했다. 아만다 토드의 경우처럼 악플은 서구 사회에도 만연한 문제이지만, 한국의 악플은 꼭 넘어야 할 중요한 사회적인 이슈가 아닐까 생각해 보았다.

미국은 집단보다는 개인주의를 강조하는 문화이기 때문에 사회 안에서 다른 사람들이 나를 어떻게 생각하느냐가 그리 중요하지 않다. 지위, 재산, 학력 등이 나의 정체성의 한 부분이기는 하지만 그것만이 인간으로서 나의 가치를 결정하지는 않는다.

한국인의 경우 집단의 힘이 개인의 힘보다 강하고, 명예와 가문, 체면을 중시하는 유교 중심의 사상 등이 복잡하게 얽혀 사회의 분위기를 결정한다. 극한 경쟁 사회이기 때문에 남을 끌어내려야 내가 올라간다는 생각이 은연중 사회 전반에 깔려 있다.

또 미국은 넓은 국토를 가졌기 때문에 소문이나 풍문이 퍼지는 속도도 한국과는 다르다. 동부, 중부, 서부 등 지역마다 중심 언론이 다르고 쟁점이 되는 내용도 다르다. 간간이 정치인, 연예인 같은 사람들의 추문이나 동향이 National TV에 나오는 경우가 있어도 대다수의 사람은 그것을 그리 대수롭게 여기지 않는다. 빌 클린턴 전 미국 대통령이 성추문 등의 스캔들에도 불구하고 오히려 아무렇지 않게 정치활동을 했던 것이 대표적인 예가 될 수 있다.

반면 한국에서는 모든 것이 빛의 속도로 전파된다. 유튜브로 주로 한국의 소식을 접하는 나는 한 가지 사건이 생기면 모든 방송에서 일제히 같은 내용을 앞다투어 다루고 그 사건이 며칠 동안 집중적으로 다뤄지는 것을 종종 본다.

내가 악플의 홍역을 유난히 심하게 치른 것은 정치인이기 때문이었다. 정치인들에 대해 무례한 사람들이 참 많다. 눈앞에서는 혹시 시에 갔을 때 피해를 볼까 봐 굽신굽신하지만 바로 뒤를 돌아서서는 막말을 일삼는 것을 보았다. 강한 멘탈을 요구하는 극한 직업이고, 이 세계의 생리가 그러하니 무조건 참아야 한다고 생각했다.

미국 헌법의 가장 근간이 되는 언론의 자유, 표현의 자유도 정치인들에 대한 보호가 없는 이유이기도 하다. 직접 신체적인 해를 가하는 경우를 제외하고는 정치인에 대해 하는 말은 대개 법으로 보호를 받는다.

한국에는 모욕죄가 있는데 미국에는 일반인에게도 모욕죄라는 것이 없다. 욕먹는 것쯤은 그냥 대인배처럼 웃어서 넘겨야 할 일이지 그것 때문에 죄가 된다고 생각하지 않는다. 흔히 이야기하는 명예훼손죄(Defamation)도 미국에서는 언론의 자유, 표현의 자유 때문에 사실에 대해 틀리게 말한 경우를 제외하고는 정치인인 경우에는 보호가 없다고 보면 된다. 오히려 언론의 자유가 광범위하기 때문에 명예훼손으로 고발한 사람이 오히려 잘못하다간 Anti-Slapp Law(공익참여에 대한 전략적 소송을 막는 법)에 의해 모욕적인 발언을 한 사람의 변호사비까지 물어 주어야 한다.

사실과 의견의 차이에 대해 상원의원이었던 다니엘 패트릭 모히니

안(Daniel Patrick Moynihan)은 이런 말을 했다.

"You are entitled to your own opinions but not to your own facts."(당신은 자신의 의견을 가질 권리가 있지만, 사실에 대해서는 권리가 없습니다).

미국의 언론의 자유에 의하면 의견을 나눌 권리가 있지만, 사실관계까지는 권리를 보장받을 수 없다는 뜻이다. 즉, 의견에 대해서는 아무리 말이 안 되는 의견조차도 보호받지만 사실관계에 대해 잘못 말하는 것까지는 보호해 주지 않는다는 것이다. 그러나, 정치인을 상대로 하는 명예훼손, 모욕죄 등은 보호가 아주 미비하다.

경찰에 대한 고발도 그러하다. 억울한 백성들의 신원을 들어주었던 조선시대의 신문고제도는 좋은 제도이기는 했지만, 이런 뿌리를 가진 한국의 법문화는 거짓을 가지고 한 고발장도 처리해 주어야 하는 약점이 있다. 미국에서는 아무리 고발을 한다고 해서 모든 고발장에 대해 사법기관이 꼭 조사하라는 법은 없다. 대개의 고발은 수사 없이 지나가는 경우가 많다.

반대파들의 행동과 위협이 더욱 과격해지자 나도 경찰서에 고발장을 내러 몇 번이나 갔다. 전 시장과의 관계로 묶여 있고 선거사인판 때문에 오해가 있던 부에나팍 경찰서는 나의 고발장을 접수하기만 할 뿐 아무 조치도 하지 않았다.

그러나, 사람이 개입하지 않자 하나님께서 직접 움직이기 시작하셨다.

악플에 숨은 영적 전쟁, 두 번째 꿈

하나님은 세상을 당신의 말로 창조하셨다. 무에서 유를 말로 창조하셨다는 것은 경이로운 사실이고, 말이 우리의 삶에 얼마나 큰 영향력을 끼치는지 알게 한다.

어떤 말은 중립적으로 보일 수 있지만, 말에 선한 의도 혹은 악한 의도를 싣게 되면 사람을 살리기도 하고 죽이기도 하는 영적 힘이 된다. 지나가면서 남에 대해 한 말이 그에 대한 저주가 되기도 하고, 아무 생각 없이 내가 단 댓글이 오히려 나를 그물처럼 묶을 수도 있다. 온라인이나 그룹방에서 남을 쉽게 판단하는 것이 나의 영적 생활에 치명적인 문제가 될 수 있다는 것이다. "성경은 우리가 비판하는 대로 비판을 받을 것"(마태복음 7:2)이라고 했다.

악플의 뒤에는 미움, 질투, 시기, 판단 등 상대방이 안 되길 바라는 마음, 은근히 그가 망하길 바라는 마음, 그를 방해하는 마음이 작용한다. 악플을 쓰는 사람이 이런 감정에 묶여 악플을 하면 그것을 받아들이는 순간 혀의 권세에 눌리게 된다.

잠언 18장 21절은 혀의 권세에 대해 이렇게 말한다.

> "죽고 사는 것이 혀의 힘에 달렸나니 혀를 쓰기 좋아하는 자는 혀의 열매를 먹으리라." (잠언18:21)

우리가 댓글과 악플을 읽으면 어떻게 반응해야 할까? 성경은 분명히 악플은 악플을 행하는 사람, 그리고 그것에 동조하는 사람, 모두에게 저주가 임할 것이라 말하고 있다.

> "거짓 증인은 벌을 면하지 못할 것이요. 거짓말을 뱉는 자는 망할 것이니라." (잠언 19:9)

나는 악플이 저주와 같다는 것을 주님이 주신 두 번째 꿈으로 알게 되었다.

시청을 다녀온 후 파김치가 되어 침대에 쓰러지듯 누웠다. 밤에 잠을 잘 자지 못한 지 오래되었기 때문에 몸은 점차 말라갔다. 낮에는 그래도 견딜 만한데 밤이 되면 내가 읽은 악플들이 나를 끊임없이 공격해 댔다.

아직 이른 시간이었지만 잠깐 눈을 붙인 내가 꿈에서 침대에 누워 있는 나의 모습을 보았다. 사람이라기보다는 나무 막대기처럼 온몸이 꼿꼿하게 굳은 채 누워 있는 나의 가슴 위에 검은 화살들이 벌집처럼 꽂혀 있었다.

"써니박은 도둑이에요."

"한국 사람들은 다 세금을 제대로 내지 않고, 현금 거래만 하니 시 재정에 도움이 되지 않습니다."

"써니박을 그냥 두면 이 도시를 한인들의 도시로 만들어 버릴거에요."

인종 차별적 댓글들이 빼곡히 페이스북에 적혀 있었다. 특히

"Sunny Park is a lier"라는 말을 여러 사람들이 올렸는데, "liar"라고 써야 하는 데도 모르고 계속 잘못 쓴 것으로 보아 한 사람이 가짜 계정을 만들어서 올리는 것이 너무도 분명했다.

나는 내 가슴에 빼곡히 박힌 화살들이 사람들이 나를 향해 쏜 악플의 공격임을 알았다. 잠에서 깬 내게 하나님께서는 시편 109편을 읽게 하셨다.

> "그들이 악한 입과 거짓된 입을 열어 나를 치며 속이는 혀로 내게 말하며 또 미워하는 말로 나를 두르고 까닭 없이 나를 공격하였음이니이다." (시편 109:2-3)

> "그가 저주하기를 좋아하더니 그것이 자기에게 임하고 축복하기를 기뻐하지 아니하더니 복이 그를 멀리 떠났으며 또 저주하기를 옷 입듯 하더니 저주가 물 같이 그의 몸 속으로 들어가며 기름 같이 그의 뼈 속으로 들어갔나이다. 저주가 그에게는 입는 옷 같고 항상 띠는 띠와 같게 하소서." (시편 109:17-19)

> "그들은 내게 저주하여도 주는 내게 복을 주소서. 그들은 일어날 때에 수치를 당할지라도 주의 종은 즐거워하리이다. 나의 대적들이 욕을 옷 입듯 하게 하시며 자기 수치를 겉옷같이 입게 하소서." (시편 109:28-29)

여호와를 바라는 자는 수치를 당할지라도 즐거워하며, 악한 입을 벌린 자가 자기의 수치를 겉옷같이 입게 된다는 말씀에 나는 침대에서 벌떡 일어났다. 그리고 큰소리로 하나님을 찬양하기 시작했다. 하나님께 에베소서 6장의 성령의 전신갑주를 입혀 달라고 기도하기 시작했다.

"하나님, 주님의 전신갑주를 입혀 주세요. 구원의 투구, 복음의 신발, 진리의 허리띠, 의의 흉배, 믿음의 방패, 말씀의 검, 그리고 성령으로 무시로 기도하며 주님의 전신갑주를 입습니다. 특히 의의 흉배로 제 가슴을 보호해 주세요. 나의 의가 아니라 예수님의 의로 제 가슴을 보호해 주세요. 사탄이 악플을 하는 사람들을 통해 쏘는 저주의 말이 내 뼛속까지 공격할 수 없도록 주님, 도와주세요."

이렇게 기도하기 시작하자, 내 가슴에 무수히 박혔던 화살들이 하나씩 떨어져 나가기 시작했다. 나중에 이런 비슷한 경험을 한 목회자들을 만나게 되면서 나의 경험이 하나님께서 허락하신 것임을 알게 되었다.

나도 처음부터 악플을 대항할 수 있었던 것은 아니다. 아니, 한동안 악플의 힘에 의해 끌려다녔다. 악플 때문에 걱정이 되어 전화기에 집착하자, Big Bob 목사님은 나를 나무라며 전화기를 내 손에서 뺐었다. 그는 전화기의 전원을 끈 후 큰손으로 덮더니 기도를 시작했다.

"하나님, 평안을 부탁합니다. 전화기를 통해 마귀는 우리에게 암울한 소식을 전하려 하지만 주님이 말씀하셨습니다."

> "그는 흉한 소문을 두려워하지 아니함이여 여호와를 의뢰하고 그의 마음을 굳게 정하였도다. 그의 마음이 견고하여 두려워하지 아니할 것이라. 그의 대적들이 받는 보응을 마침내 보

리로다." (시편 112:7-8)

"써니박은 이것을 믿습니다. 전화기를 켜면 어떤 소식이 있을지 모르지만, 주님은 모든 것을 알고 계시고 그들이 전하는 소식보다 써니 박은 여호와를 의뢰합니다."

그 후 나는 악플을 보면 믿음의 기도를 시작했다. 악플이 더 퍼지지 않기를 '그들은 자신들이 무엇을 하는 줄 모릅니다'라는 예수님의 기도처럼 악플을 하는 사람을 하나님께서 용서하시길 빌었고 악플을 읽는 사람들의 마음을 성령의 은혜로 덮어 주시기를 기도하기 시작했다.

세 번째 꿈

그러자 이런 일이 일어났다. 어느 날, 부에나팍시의 폭스힐즈(Fox Hills)에 사는 백인 친구에게 다급한 전화가 왔다. 햇볕이 따뜻한 주말 오후, 앞마당 정원에서 장미를 자르고 있는데 모자를 눌러 쓴 어느 한국 여자가 써니박을 아는지 말을 건넸다.

"알고 있죠."

한국 여자는 그녀에게 써니박이 사인판을 훔쳤고, 그녀가 시의원이 되면 이 도시를 온통 한국 타운으로 만들 거라고 말했다.

"아니, 한국 사람이 한국 사람을 돕는데 뭐가 문제죠? 당신도 한국 사람이잖아요."

그녀는 자기도 한국 사람이지만 너무 한인들이 많으면 집값이 떨어질 것이고, 한국 사람들조차도 한국 사람들이 많아지는 것을 좋아하지 않는다는 것이었다.

시큰둥한 백인 친구의 반응을 보더니, 한국 여자는 이웃집으로 건너갔다고 한다. 이 한국 여자는 Fox Hills에 있는 다른 인종 주민의 집들만 방문하고 있던 것이었다. 그 여자가 떠나길 기다렸던 백인 친구는 내게 자기 집으로 빨리 오라며 전화했다. 자기 이웃 친구가 동네에서는 가장 오래 살았고, 사람들도 많이 알고 있으니 같이 만나자는 것이었다.

다음날 친구를 방문하니 나에게 C.S. Lewis가 쓴 나니아 연대기를 주었다. 그리고, 세 번째 장을 읽어 보라고 했다. 그녀는 나를 위해 기도해 주었다. 세 번째 장을 읽어 보니 아라비스라는 인물이 어떤 대화를 듣고서 여왕 수잔에 관한 풍문을 퍼뜨리게 되는데, 이로 인해 아라비스는 산 정상으로 올라가서 바람에 깃털을 흩뿌리는 벌을 받게 된다. 풍문이란 퍼져 나가고 나면 되돌릴 수 없다는 것을 상징하는 이야기였다.

나니아의 연대기를 읽고 얼마 지나지 않아서였다. 반대파는 나를 탄핵해야 하는 이유를 깨알같이 쓴 종이를 지역구에 주차된 차들의 유리창에 그것들을 꽂아 놓고 다니기 시작했다. 슈퍼마켓에 장을 보러 갔던 내 차에도 전단지가 꽂혀 있었다. 전단지에는 내 사진과 커다란 X표가 있었다. 주차장은 이리저리 사람의 발에 밟힌 전단지로 어지럽혀 있었다.

그날 밤, 나는 나니아의 연대기에서 나온 스토리와 비슷한 꿈을 꾸었다.

멀리 마을의 뒤쪽으로 높은 산봉우리가 보였다. 산 정상에 서 있던 남자는 손에 기러기 털로 만든 베개를 들고 있었다. 그는 칼을 꺼내 베개를 찢었다. 그러자, 하얀 기러기 털들이 산 정상에서 마을 아래로 바람을 타고 떨어지고 있었다. 기러기 털을 자세히 보니, 까만 잉크로 나를 향한 비방의 글이 깨알처럼 적혀 있었다.

그런데, 어디선가 따뜻하면서도 시원한 바람이 불어왔다. 살랑살랑 마을로 떨어지는 기러기 털들이 공중에서 하얀 눈송이로 변하는 것이었다. 햇빛이 반사하는 빛에 너무도 아름다운 하얀 눈송이의 육각형 모양을 볼 수 있었다. 까맣게 적혀진 비방의 글은 보이지 않았다. 눈송이가 마을 사람들의 손등과 머리로 떨어지자, 눈송이들은 물방울이 되어 없어졌다.

이것으로 악플의 저주를 하나님께서 은혜로 덮어 주실 것을 알았다.

기도문

원수 사랑을 위한 기도

하나님 아버지,
지금 저를 힘들게 하고, 미워하고, 시기하고 질투하며, 제가 망하는 것을 바라는 악한 사람들이 있습니다. 저를 무너뜨리기 위해 사람들 뒤에서 조종하고 있는 악한 영의 역사가 있습니다.
그러나, 제 힘으로 싸우기 보다 시편 91편의 말씀처럼 주님의 은밀한 처소에 거하며 전능자의 그늘 안에서 문제를 해결받기 원합니다.
그 곳은 주님이 저의 피난처 되시는 곳이고, 저의 요새되시고 신뢰할 수 있는 하나님을 만나는 곳이며, 보호의 장막이 있는 곳임을 고백합니다.
주님, 제가 원수를 용서하고 축복하며 그들에게 먼저 다가가 화목하게 하는 자로 살 수 있게 되길 기도합니다. 당장은 제가 손해 보는 것 같고 억울한 생각이 들지만, 언제나 주님의 방법이 최선의 방법이라는 것을 고백합니다.
하나님의 아들이셨지만 죽기까지 자신을 낮추셨던 예수님을 기억하며 제가 더 겸손해질 수 있도록, 더 온유해질 수 있도록, 더 넉넉해 질 수 있도록 성령님께서 도와주시길 기도합니다. 주님이 제 삶에서 이루실 크고 위대한 일을 바라보며, 모든 공격에도 평안으로 저를 붙잡아주시는 주님을 찬양합니다.
거룩하신 예수님 이름으로 기도합니다. 아멘.

기도에 도움이 되는 성경 말씀

● 긍휼히 여기는 자는 복이 있나니 그들이 긍휼히 여김을 받을 것임이요 (마5:7)

● 내가 사람의 방언과 천사의 말을 할지라도 사랑이 없으면 소리 나는 구리와 울리는 꽹과리가 되고 내가 예언하는 능력이 있어 모든 비밀과 모든 지식을 알고 또 산을 옮길 만한 모든 믿음이 있을지라도 사랑이 없으면 내가 아무 것도 아니요 내가 내게 있는 모든 것으로 구제하고 또 내 몸을 불사르게 내줄지라도 사랑이 없으면 내게 아무 유익이 없느니라 (고전13:1-3)

● 이러므로 하나님의 자녀들과 마귀의 자녀들이 드러나나니 무릇 의를 행하지 아니하는 자나 또는 그 형제를 사랑하지 아니하는 자는 하나님께 속하지 아니하니라 (요일3:10)

● 사랑하는 자들아 우리가 서로 사랑하자 사랑은 하나님께 속한 것이니 사랑하는 자마다 하나님으로부터 나서 하나님을 알고 (요일4:7)

● 예수께서 그리스도이심을 믿는 자마다 하나님께로부터 난 자니 또한 낳으신 이를 사랑하는 자마다 그에게서 난 자를 사랑하느니라 (요일5:1)

악플과 왕따
죽어가는 인생 살리기

Chapter 4

악플로부터
자유함을 입으라

디지털 세대와 사이버 불링
악플을 만날 때 하나님께 나아가라
악플 대신 진리에 집중하라
악플을 별식처럼 즐기는 사람들

악플과 왕따
죽어가는 인생 살리기

How to fight cyberbullying and win in Christ Jesus

부에나팍시를 섬기다 순직한 경찰관들을 기념하기 위한 Police Memorial 앞에서 동료 시의원들 및 시직원들과 함께

악플로부터 자유로워지려면 어떻게 해야 할까? 누구나 '악플 정도야' 하고 가볍게 넘길 수 있는 멘탈갑이 되고 싶어 하지만 실상은 그렇지 못하다. 팬데믹을 거치며 우리가 겪은 정신적 스트레스는 극에 달했다. 묻지마 살인이나 초유의 범죄 소식을 듣다 보면 사람들의 정신상태가 무너져 임계점에 다다른 것 같다. 우리는 너무 외롭고, 불안하고, 초조하다. 남이 쉽게 내뱉은 악플은 불안을 가중하며 우리를 절망의 구렁텅이로 몰아넣는다.

디지털 세대와 사이버 불링

미국사회에서는 학생들이나 혹은 회사 동료들 간에 일어나는 따돌림, 괴롭힘, 폭력의 행위를 "bullying(불링)"이란 단어로 표현한다. 불링이란 "협박 또는 괴롭힘"으로 번역되는데 이 용어는 "bull(황소)"에서 파생되었다. 마치 황소가 뿔로 상대를 받아 올릴 준비를 단단히 하고 있는 것이 가해자의 모습과 비슷하다. 괴롭힘은 머리에 뿔이 난 자가 표적으로 삼은 사람을 향해 돌진하는 행위이다. 이것은 일종의 파워 게임인데, 괴롭히는 사람은 괴롭힘을 당하는 상대방을 왕따시키고 굴욕스럽게 만들어 자신의 힘에서 오는 희열감을 느낀다. 당하는 사람이 그 상황을 부끄러워하거나 두려워하는 모습을 보이면 괴롭히는 사람은 더욱 잔인해진다.

참 이상하게도 괴롭히는 사람은 이유 없이 사람을 못살게 구는 자신의 행동이 잘못되었다고 생각하지 않는다. 오히려 괴롭힘을 받는 사람이 잘못했기 때문에 어쩔 수 없이 불링을 한다고 자신을 합리화한다. 그러니, 일말의 양심도 없이 불링을 해대는 것이다. 이것은 괴롭힘을 하는 자와 괴롭힘을 받는 자, 모두를 파멸시키려는 사탄의 전략이다.

오늘날에는 이 불링이 사이버상의 불링으로 옮겨졌다. 소셜미디어에서의 악플, 단톡방에서의 언어폭력 등의 형태로 나타나는 사이버 불링(Cyberbullying)은 심각한 사회문제가 되고 있다.

세계보건기구(WHO)가 발표한 취학 연령 아동의 건강행동설문조사(HBSC) 결과에 따르면, 11~15세 아동 6명 가운데 1명은 사이버 불링을 당한 경험이 있는 것으로 나타났다.[4] 사이버 불링은 현실 생활에서 벌어지는 불링 만큼이나 위험하다. 이것은 우리의 정신건강을 해치고, 마음을 다스리지 못한 피해자의 마음의 병이 육체의 병으로 나타난다.

IT 기기를 공기처럼 자연스럽게 흡수하는 요즘 디지털 세대는 온라인상에서의 연결이 활발히 이루어지고 있고, 이 현상은 팬데믹 이후 가속화되었다. 온라인은 사회적 소속감을 느끼는 장인 동시에 같은 생각을 가진 사람들끼리 연대의 장소가 되고 있다. 온라인이라는 매체와 무수한 댓글이 간과될 수 없는 이유는 이 안에서 형성된 거대한 생각의 흐름이 개인과 사회에 영향을 주는 여론을 형성한다는 점이다. 물론 이 여론이 바람직한 방향 설정을 위한 정책 수

---

[4] WHO에서 2024년 3월 27일자 발표한 자료로 건강행동설문조사(HBSC)는 2021년부터 2022년까지 44개국의 아동 27만9000명을 대상으로 진행됐다(출처: www.who.int).

립을 위한 것이면 좋겠지만, 많은 경우 극단적이고 과잉된 정서로 인한 댓글 폭력을 형성하고 있다. 그들은 팩트체크에 근거한 개인 의견을 정립하기도 전에 악플의 파도에 쉽게 휩쓸린다. 정작 본인이 생각 없이 동조한 댓글 하나가 어떤 파장을 불러일으킬지 그들은 전혀 모른다.

오프라인에서 일어나는 불링보다 훨씬 거대하고 정교하고 다양한 형태의 불링이 온라인에서 이루어진다. 협박, 모함, 조롱, 욕설, 성희롱 등 이 악플의 쓰나미를 온전히 견뎌낼 수 있는 사람이 얼마나 될까? 겨우 몇 줄의 글로 시작하는 사이버 불링은 우리의 정신과 영혼을 피폐하게 만든다. 악플은 상대를 향해 쏘는 저주이기 때문이다. 그리고, 그 대상은 오늘을 살아가는 어른들과 아이들 누구도 예외일 수 없다.

악플을 만날 때 하나님께 나아가라

악플로 인해 자살을 한 사람에 대한 기사를 읽으면 참 가슴이 먹먹해진다. 대개는 추문에 연루된 사회 저명인사나 연예인 등 대중의 인기를 입고 사는 공인들이다. 이유는 다양하다. 억울함을 풀고 결백을 증명하기 위해 죽음을 택하는 사람도 있고, 스캔들의 후폭풍으로 광고 계약이 취소되는 등 막대한 경제적 손실을 걱정하다 목숨을 끊는 사람도 있다. 정치인 중에는 명예가 실추되어 지지자들이 등을 돌리는 상황에 절망해서 안타까운 선택을 하는 사람도 있다. 유명인의 악플로 인한 자살도 있지만, 언론에 드러나지 않는 일반인들의 사례도 적지 않을 것이다.

왜 이들은 악플과 싸우기보다 죽음을 택했을까? 그 뒤에는 우리가 알지 못하는 정신적 취약성이 있었을 수도 있다. 그것에 촉매제 같은 사건이 일어나면 갑작스러운 트라우마가 더해져 극심한 스트레스로 결국 죽음을 택할 수 있다. 우리가 모든 이유를 다 알 수는 없지만, 자살은 결코 당사자의 일로 끝나지 않는다. 자살한 사람의 가족들과 지인들, 특히 부모와 자녀가 평생 안고 가야 할 깊은 상처는 가늠하기 어렵다.

악플 때문에 고통받았던 그가 자살을 선택하기 전, 하나님의 눈으로 자신이 처한 현실을 바라볼 수 있었다면 어땠을까? 하나님께서 이 땅에 보내신 예수님이 어떤 분인지를 알고 있었다면 어땠을까? 그 앞에 있는 절망이나 악플도 더 크신 예수님을 알았다면 어땠을까? 절망 중에도 포기하지 않고 조용히 그분 앞에 나아갔다면 어땠을까? 과연 그는 자살을 선택했을까?

성경은 '예수님께서 우리를 대신해서 수치가 되셨고, 우리의 저주가 되셨다'(갈라디아서 3:13)고 말한다.

예수님은 우리를 위해 십자가 위에서 벌거벗은 몸으로 사람들의 조롱을 받으셨고, 마지막 피 한방울까지 다 흘리시며 죽어 가셨다. 사람에게 오해받는 것이 어떤 것인지, 조롱받는 것이 얼마나 억울한 것인지를 다 아셨다. 악플 때문에 우리가 겪을 수 있는 모든 부정적인 감정을 직접 경험하신 것이다.

예수님께서 내 마음을 아시는구나! 누군가 내 마음을 이해해 준다는 사실만으로도 우리는 왕따가 더이상 아니라는 생각을 하게 된다. 예수님은 우리의 마음을 아실 뿐 아니라, 사람들이 우리에게 퍼붓는 저주를 대신 받으셨고 저주로 인해 우리가 느낄 수치를 직접 느끼셨다. 그리고, 수치와 저주를 십자가에서 이기셨다. 십자가의 능력을 믿기만 하면, 우리도 악플의 저주에서 벗어 날 수 있는 이유가 이것이다.

악플 때문에 죽고 싶다는 생각이 들 때, 예수님께 손을 내밀면 그분은 우리를 일으켜 세우시고 그 분과 함께 세상으로 다시 나올 용기를 주신다.

"내 딸아, 내 아들아 이제 일어나라. 내가 함께하지 않니?"

두껍고 어두운 커튼이 쳐진 방에 꼭꼭 숨어 있는 우리의 손을 잡으시고, 커튼을 활짝 열어 젖히신다. 이렇게 예수님께서는 우리 안의 모든 어둠을 몰아내시며 세상으로 우리와 함께 걸어 나가신다.

악성 댓글에 시달리면서 나도 어이없이 무너지려 했다. 악플과 비난의 말들이 계속 나를 따라다니며 나를 자꾸 작아지게 하고, 나의 목을 조르고 나를 코너로 몰아넣었다. 어쩔 수 없이 공무를 위해 지역구를 다니면서도 마음 한구석에는 '지금 이 세상에서 이대로 사라지면 악플로부터 해방될 텐데'하고 생각했었다. 다행히 나는 예수님을 알았고, 절망의 끝자락에서 악플의 저주에서 벗어날 수 있는 단 한 가지 방법을 선택했다. 사람의 저주를 물리칠 능력을 가진 예수님께로 나아갔다.

그리고, 억울하고 원통한 심경을 토해내기 위해 사람 앞이 아닌 하나님 앞에 나를 세웠다.

악플 대신 진리에 집중하라

삶에서 전혀 생각지도 못했던 문제가 발생하면 우리는 어떻게 반응하나? 사람들을 만나 자문을 구하거나, 술이나 쇼핑으로 문제를 잊어버리려 해 보기도 하고, 어떻게든 그 문제를 벗어나려고 발버둥 친다. 그렇게도 풀리지 않으면, 믿는 사람의 경우 하나님께 기도해 본다. 많은 경우, 가장 먼저 물어봐야 할 하나님께 우리는 가장 마지막으로 묻는다.

막상 문제에 눌리면 기도가 잘 나오지 않고, 아무리 기도해도 문제는 그대로인 것 같다. 기도 반, 걱정 반, 계속 마음으로 그 문제를 풀기 위해 노력하지만 소용이 없다. 어느새 문제에 관한 생각이 우리를 지배하고 문제가 우리의 삶을 지배하기 시작한다. 이렇게 풀리지 않는 문제에 관한 생각의 순환이 머리를 계속 맴돌며 오랜 시간 전전긍긍하다 보면 우울증, 불안 때문에 미쳐버릴 지경까지 가는 것이다.

이것은 생각훈련이 안 된 탓이다. 우리는 몸짱이 되기 위해 음식을 조절하고, 비싼 비타민을 먹고, 열심히 운동을 하지만, 막상 생각의 면에서는 그렇지 못하다. 아무 생각이나 여과없이 머릿속에 들어오는 데로 다 받아들이면서도 지금의 부정적인 감정에서 벗어날 수 있다고 기대한다. 정크푸드를 대책 없이 먹어대면서도 얼마 후 복근을 가진 몸짱이 될 것이라 기대하는 것과 다를 바 없다.

나를 무너뜨리기 위한 악한 의도를 가진 악플을 상대로 싸울 때는 더욱 더 내가 무슨 생각을 하고 있는지 점검해야 한다는 것을 배웠다.

오랜만에 노숙자 사역을 하기 위해 Big Bob 목사님과 함께 노숙자 텐트촌이 있는 롱비치로 차를 몰았다. 차 안에서 목사님께 나는 반대파들이 또 이번 주 얼마나 악한 일을 했는지 말하기 시작했다. 그러자, 갑자기 목사님은 심각하게 나를 쳐다보시며 나의 말을 멈추셨다.

"써니박, 문제를 바라보지 말고 예수님을 바라보세요. 당신의 문제는 하나님으로부터 온 게 아닌지 알고 있죠? 악한 사탄에게서 온 것이에요. 그런데, 그 문제를 계속 반복해서 말하면, 그것은 사탄에게 집중하는 것과 같습니다. 하나님은 당신이 문제를 하나님께 드리고, 진리 되시는 예수님께 집중하길 바라십니다. 사악한 사람은 사악한 것만 생각합니다. 하나님의 자녀는 좋고 선한 것을 바라고 하나님으로부터 나온 것만을 생각합니다."

그렇구나! 악플을 자꾸 생각하고 악플에 대해 다른 사람들에게 얘기하고 반복하면 악플에서 헤어 나올 수 없구나!

길거리에 예수님의 복음에 목마른 분들이 너무나 많이 있습니다.
저는 그렇게 길거리 노숙자들의 시장이 되었습니다.

내가 가진 문제를 묵상하면 나는 문제의 산에 압도되지만, 예수님을 묵상하면 예수님께서 나를 안으시고, 직접 그 문제의 산을 오르고 정복하셔서 문제를 훌쩍 넘을 수 있도록 해 주신다. 우리는 문제를 하나님께 던져 드리고 문제를 하나님께서 해결해주시길 기도해야 한다.

하나님께서 문제를 해결하실 동안 의식적으로 마음과 생각을 길이요, 진리요, 생명되시는 예수님께 집중해야 한다. 만일 우리가 문제 해결을 위해 해야 할 일이 있다면, 하나님께서는 상황과 사람을 통해 가장 정확한 때 그것을 알려주실 것이고 우리는 이끄시는 대로 행하면 된다.

처음엔 그게 쉽지 않았다. 악플에 속이 터지고 이 악한 사람들을 상대로 무엇이라도 해야 할 것 같았다. 그러나, 조직적으로 계획을 가지고 움직이는 것 같은 이들을 상대로 무엇을 어떻게 해야 할지 몰랐다. 방법이 없어 보였다. 어쩔 수 없는 마음으로 주님 앞에서 기다렸다. 오래전 만들어 두었던 성경 암기 카드를 가지고 다니며 말씀을 묵상하려고 노력했다. 시간이 조금 지나니 마음에 여유가 생겼다. 여유가 생기니, 문제에 쫓기지 않고 문제를 해결할 새로운 방법이 보였다.

악한 사람은 악한 것만 생각하고, 하나님의 사람은 하나님의 말씀을 생각한다!

악플을
별식처럼 즐기는 사람들

타인에 대한 악플을 검증도 없이 다른 사람에게 열심히 퍼 나르는 사람들이 있다. 쓸데없는 소문에 관심이 있고 들은 소문을 이리저리 다니며 말하는 생각 없는 사람들이다. 이들은 진실에는 일말의 관심도 없고 정치인이나 연예인들의 이름을 최소한의 예의도 없이 마구 불러 대며, 그들에 관한 이야기는 쉽게 해도 된다고 생각한다.

이들이 모르는 것이 있다. 악플을 퍼 나르는 것은 악한 영의 종이 되어 저주를 나르고 있는 것이다. 자신도 모르는 새 악한 사람과 동역하고 있는 것이다. 왜냐하면, 리트윗을 하고 댓글을 다는 사람들이 없다면 악플하는 사람도 힘이 빠져 악플을 할 이유가 없어지니까. 이러니, 악플에 동조하고 댓글을 다는 것은 악플을 하는 사람만큼이나 악한 일을 하는 것이다.

성경은 이에 대해 정확하게 말하고 있다. "숯불 위에 숯을 더하는 것과 타는 불에 나무를 더하는 것 같이 다툼을 좋아하는 자는 시비를 일으키느니라. 남의 말 하기를 좋아하는 자의 말은 별식과 같아서 뱃속 깊은 데로 내려가느니라."(잠언26:21-22)고 말씀하고 있다. 이렇듯, 다른 사람을 파멸시키기 위해 하는 악플에 생각없이 동조하는 일은 댓글을 다는 자신에게도 치명적인 잘못을 저지르는 것이다.

한국 언론이 각성해야 할 점이 이것이다.

유명인의 스캔들이 나면 온 나라가 며칠 동안 들썩인다. 같은 내용에 다른 헤드라인, 서로 앞다투어 그것을 보도하며 이슈화하고 전 국민은 그 뉴스에 휩쓸린다. 들어보면 똑같은 내용인데 다루지 않으면 안 되니까 해야 하는 경우도 있다. 이런 뉴스의 산사태에 깔린 유명인이 자살을 하고 나면, 마녀사냥을 하던 언론과 그것을 신나게 퍼 나르던 사람들은 갑자기 숙연해진다. 고인에 대한 미안함 때문인지, 아니면 자신이 한 말들이 잘못되었다고 생각해서인지 조용히 공소권 없음을 이유로 모든 것을 묻어 버린다. 갑자기 고인은 보호받지 못한 안타까운 존재가 되고, 고인과 함께 스캔들을 일으켰던 사람은 이제 천벌을 받을 사람으로 전락한다. 악플을 퍼 나르고 말했던 사람들은 마치 아무런 죄도 없는 양 조용해진다.

이런 사회현상 뒤에는 악한 영의 힘이 작용한다. 온 사회가 한 사람을 죽음으로 몰아 놓고 온 사회가 그것을 지켜보고 있다. 죽음으로 악플을 '해결'한 사람을 목격한 사람들은 자신에게도 비슷한 일이 생기면 자기도 죽음으로 그것을 해결하면 된다고 자연스레 학습하는 것이다. 악플을 하는 사람, 악플을 퍼 나르는 사람, 악플의 중심에 서 있는 사람, 모두가 미혹되어 중심을 잃고 만다.

세계적인 명성을 얻은 한국의 어느 남자 연기자가 자살했다. 그에 대한 스캔들이 유튜브에 뜨는가 싶더니 그가 경찰 조사를 받았고, 얼마지나지 않아 허망하게 목숨을 끊었다는 것이다. 평상시 나도 그 연기자가 참 재능있다고 생각했고, 나도 모르게 계속 그의 사건이 어떻게 진행되고 있는지 궁금하고 관심이 갔다. 그런데 성령님께서 내게 유튜브에 올라오는 그에 관한 비디오를 보지 말라는 마음을 주셨다. 순종하는 마음으로 그에 관한 비디오에서 눈을 돌렸다.

그러나, 그가 나오지 않는 뉴스를 찾기는 참 어려웠다. 어쩌다 실수로 몇 십초 되지 않는 그에 대한 소식을 알리는 쇼트 비디오를 눌렀는데, 마지막 장면에 짧게 그 비디오를 만든 사람이 타로점을 보는 누구라며 점집의 광고가 지나가는 것이었다. 아차, 싶었다. 소문과 스캔들로 우리의 호기심을 자아내어 영적 보호막이 내려지길 기다렸다 우리를 사냥하려는 악한 영혼의 사냥꾼들이 유튜브 곳곳에 숨어 있는 것이다.

우리는 악플을 보면 잠잠히 기도하고 반응하지 말아야 한다. 옆에서 추임새를 넣으며 악플에 가담하면 악플하는 사람들은 힘을 얻는다. 악이 장성하여 사망에 이른다는 말씀(야고보서1:15)처럼 악플의 힘이 더 거세지면 모두가 영적인 사망으로 치닫게 되는 법이다.

기도문

말로 인한 상처를 치유하기 위한 기도

하나님 아버지,
온라인과 오프라인에서 사람의 말때문에 아프고 속상합니다. 그들은 거짓으로 말하고 아무것도 알지 못하면서 마치 모든 것을 다 아는 것처럼 뒤에서 수근대고 비방합니다.
마음이 무너지고 힘들지만 주님께서 모든 것을 다 보고 계시고, 듣고 계신다는 것을 알기에 주님 앞에 조용히 나아갑니다. 제 입에 파수꾼을 세워주시고 사람들이 제게 한 저주의 말을 되풀이하는 게 아니라, 주님의 말, 생명의 말을 하기를 선택합니다. 예수그리스도의 이름으로 그들의 말이 저주가 되어 제 삶 속에서 역사하지 못할 것을 선포합니다.
제가 속한 공동체가 분열과 분냄, 반목하는 공동체가 아니라 예수님의 이름으로 하나 되는 화목한 공동체가 될 수 있도록 예수님의 이름으로 간절히 기도합니다.
온라인과 유튜브, 사이버 세계에서 주님을 초대하고 주님의 역사를 기대합니다. 십자가의 예수님의 보혈이 온라인과 채팅방에서 흐르고 그곳에서 사람을 살리는 역사가 일어나길 기도합니다. 전화와 문자를 통해서 친절한 말, 남을 세우는 말, 화목의 말, 살리는 말, 주님의 향기를 낼 수 있는 말을 할 수 있게 되길 기도합니다.
악플과 왕따로 죽어가는 인생을 살리는 생명의 운동이 불꽃처럼 확산되고 퍼지길 예수 그리스도 이름으로 기도합니다. 아멘.

기도에 도움이 되는 성경 말씀

- 악인은 입술의 허물로 말미암아 그물에 걸려도 의인은 환난에서 벗어나느니라 (잠 12:13)

- 칼로 찌름 같이 함부로 말하는 자가 있거니와 지혜로운 자의 혀는 양약과 같으니라 (잠12:18)

- 사람은 입의 열매로 인하여 복록을 누리거니와 마음이 궤사한 자는 강포를 당하느니라. 입을 지키는 자는 자기의 생명을 보전하나 입술을 크게 벌리는 자에게는 멸망이 오느니라 (잠 13:2-3)

- 미련한 자의 입술은 다툼을 일으키고 그의 입은 매를 자청하느니라. 미련한 자의 입은 그의 멸망이 되고 그의 입술은 그의 영혼의 그물이 되느니라. 남의 말하기를 좋아하는 자의 말은 별식과 같아서 뱃속 깊은 데로 내려가느니라 (잠18:6-8)

- 내가 너희에게 이르노니 사람이 무슨 무익한 말을 하든지 심판 날에 이에 대하여 심문을 받으리니 네 말로 의롭다 함을 받고 네 말로 정죄함을 받으리라 (마12:36-37)

악플과 왕따
죽어가는 인생 살리기

Chapter 5

정치 세계와 악플

하나님의 법정
작은 실수와 큰 실수
말싸움에 엮이지 마라
두려움이 없는 마음

악플과 왕따
죽어가는 인생 살리기

How to fight cyberbullying and win in Christ Jesus

시장직을 마치는 마지막 시의회 행사에서 감사장을 받는 모습

정치에서 악플과 여론몰이는 필요악이다. 자리는 하나인데 후보는 많으니 어떻게 해서든지 이겨야 하기 때문이다. 아무리 평판이 좋은 후보라도 경쟁에서 지면 아무 소용없다. 이렇게 냉정한 정치판에서 이기기 위해선 무슨 수라도 써야 한다. 선거에서는 내가 좋은 후보이기 때문에 이길 수도 있지만, 내가 상대 후보보다 '덜 나쁜'(lesser evil) 후보이기 때문에 이기는 경우도 많다. 한 사람은 꼭 선택이 될 테니까, 선택받기 위해 이런 전략으로 나가는 것이다.

2016년 미국 대선 때 유권자들의 고민이 그랬다. 힐러리 후보와 트럼프 후보 중 누구를 찍어야 하나, 두 후보의 진흙탕 싸움은 계속되었다. 결국, 누가 더 좋은 후보인지를 결정하기 어려워, 누가 덜 악한 사람인지 생각해 보고 선택하는 유권자들이 많았다. 이러니 정치에서는 나에 대해 말하기보다, 상대를 악플하는 것으로 이기려는 사람들이 많다. 네거티브 선거가 치명적으로 매혹적인 이유는 나를 알리는 것보다 더 쉽게 이길 수 있기 때문이다. 네거티브 선거에는 당연히 진실보다 거짓이 더 많이 사용된다.

하나님의 법정

하나님 앞에서 나는 진실과 진리의 차이점을 배웠다. 진실은 가변적이지만 진리는 절대 불변하지 않는다. 진실이란 어떤 주장이 현실이나 사실과 일치하는 지를 말하고 진리는 궁극적이며 변하지 않는 것을 말한다. 흔히 이야기하는 '진실

공방'은 누구의 입장에서 그것을 보느냐, 입증할 증인이나 서류가 있느냐 없느냐에 따라 바뀐다. 팩트를 하나, 하나를 보면 맞을 수도 있지만, 팩트와 팩트를 어떻게 짜집기 하느냐에 따라 전혀 다른 결론을 맺을 수도 있다. 진실의 가변성 때문에 반쪽짜리 진실이 사람 앞에서는 진실처럼 받아들여지기도 하고, 완전한 거짓에 밀려 진짜 진실은 빛을 잃어버리기도 한다. 마음이 가방과 같다면 그것을 뒤집어서 보여주고 싶은데 그게 되지 않고 사람 앞에서 그것을 증명하려니 속이 터질 노릇이다.

사람 앞에서의 진실공방은 나를 불안하게 만든다. 다른 사람들의 눈치를 보며 혹시 이 사람이 나를 믿지 않으면 어떡까? 나보다 나를 공격하는 그의 말을 더 믿으면 어쩔까 안절부절못하게 된다. 카톡방의 대화를 다시 읽으면서 어떻게 대응해야 나의 결백을 입증할까 고민하고, 그러다 정말 안되면 법적 소송을 통해 진실 공방을 한다. 어떤 경우는 법적 소송을 하지 않으면 여론에 불리할지 모른다는 생각에 먼저 소송부터 시작하고 본다. 이렇게 안절부절 못하다 견딜 수 없을 만큼 힘들어지면 해서는 안 될 선택을 하고 마는 것이다.

이렇게 사람을 의지해 악플의 위기를 타파하려는 것은 안개를 붙잡는 것과 같다. 모든 인간은 불완전하기 때문이다. 인간은 아무도 어떤 일에 대해 모든 진실을 알 수는 없다. 상황이 그 지경까지 갔을 때 관련된 사람들의 마음 깊숙한 곳에 있는 동기는 오직 당사자들만 알 수 있다. 아니, 당사자들조차도 자신의 마음의 동기를 다 알지 못한다. 그러니, 한 걸음 더 떨어진 곳에서 상황을 바라보는 우리가 짜집기 된 사실과 문자, 사진 등으로 사람의 마음과 동기, 사건의 사실여부를 추정하는 것은 너무도 위험한 짓이다.

나는 변호사지만 모든 지성과 이성이 집중되는 법정은 역설적이게도 가장 불완전한 곳이라는 것을 잘 안다. 변호사는 연금술사와 같다. 복잡하게 엉켜진 사실들을 뜨거운 불에 달구어 법적 효력있는 사실들만 추출해 낸 후, 내가 증명하고 싶은 결론을 만들어 낸다. 이렇게 법정에서는 숙련된 변호사의 손을 통해 모든 사실이 아니라 법적 증거능력이 있는 사실만 다루어진다. 아무리 옳은 증거이라도 증거물로 채택되지 않거나 배심원이나 판사가 이해할 수 있는 수준으로 증명되지 않으면 억울함을 풀어주는 데 도움이 되지 않는다.

다행히, 정말 다행히, 하나님의 법정은 다르다. 우주를 만드신 창조주 앞에는 오직 변하지 않는 진리만이 설 수 있다. 우주에서 변하지 않은 진리란 단 한 가지, 예수님께서 나의 모든 죄를 위해 십자가에서 죽으셨고 성령의 능력으로 다시 살아나셨으며 지금도 우리와 함께 하신다는 것이다. 진리 앞에 서면 알게 된다. 하나님은 나의 모든 것을 다 아시며 그분 앞에서 숨길 수 있는 것이 아무것도 없다는 것을. 하나님은 우리의 마음과 생각, 행위와 그 결과를 저울질하고 계시는 분이고, 우리가 걸어온 과거, 우리가 처한 현재, 우리가 걸어가야 할 미래를 모두 보고 계신다.

세상이 만들어지기 전부터 우리를 계획하셨고, 우리가 삶을 마감하는 날 어떤 모습으로 하나님 앞에 설지도 알고 계신다. 우리 인생의 목적은 정치인이나 의사가 되는 것이 아니라 하나님이 계획하신 내 삶의 계획을 온전히 이루어 가는데 있다. 그러나 안타깝게도 사탄은 우리의 일상 가운데 무수한 영적 공격과 속임수로 우리가 하나님의 계획과 목적에 도달하지 못하고 실패하여 넘어지게 하려고 한다. 이것을 이루기 위해 사탄이 사용하는 가장 손쉬운 도구가 악플과 근거 없는 비판이다.

하나님 앞에 나를 세운다는 것은 나의 동기, 행동, 말, 실수를 가지고 있는 그대로 나아간다는 것이다. 어떤 상황에서도 사람은 백퍼센트 선한 삶을 살지 못한다. 마음에 시험을 받은 것도 죄이기 때문이다. 이에 대해 요한일서 1장 8절에서 10절은 이렇게 말한다.

> "만일 우리가 죄 없다 하면 스스로 속이고 또 진리가 우리 속에 있지 아니할 것이요. 만일 우리가 우리 죄를 자백하면 저는 미쁘시고 의로우사 우리 죄를 사하시며 모든 불의에서 우리를 깨끗케 하실 것이요. 만일 우리가 범죄하지 아니하였다 하면 하나님을 거짓말하는 자로 만드는 것이니 또한 그의 말씀이 우리 속에 있지 아니하니라." (요한일서1:8-10)

악플과 싸워서 이길 수 있는 첫 번째 조건은 하나님께 겸허하게 자신을 거짓 없이 보여드리는 것이다.

작은 실수와 큰 실수

정치는 정책을 수립해서 문제를 개선하고 사회에 선한 영향력을 끼칠 수 있다는 묘한 매력이 있다. 그러나 안타깝게도 정치인 주변에는 악한 사람들이 악한 목적을 가지고 모인다. 주로 정치인에게 아부하고, 정치인을 이용해서 돈이나 영향력을 행사해 보려는 사람들이다. 정치인과 사진을 찍어 올리고, 인맥을 내세우며 자신을 통하면 권력으로 연결될 수 있다는 것을 과시하려는 사람들. 정치인도 이런 사람들을 이용해 자신이 원하는 것을 이루려고 한다. 악어와 악어새의 공생관계인 셈이다.

하나님께서는 내게 이런 종류의 사람들을 멀리해야 한다고 가르쳐 주셨다. 이들로 인해 큰 실수나 작은 실수를 할 수 있기 때문이다. 그리고 대개 우리는 큰 장애물이 아니라 작은 장애물 때문에 넘어진다고 가르쳐 주셨다.

사실 그렇다. 큰 장애물은 눈에 보이기 때문에 우리는 그것을 피해가려고 한다. 크리스천이라면 하지 말아야 할 큰 죄목들을 우리는 잘 알고 있다. 예를 들면, 간음이나 횡령 같은 것이다. 큰 장애물을 잘 피해 간 우리가 정작 넘어지는 것은 작은 장애물 때문일 때가 많다. 작은 죄쯤이야 하고 주의하지 않고 가다가 넘어져 크게 낭패를 보는 것이다. 악을 눈감아 주는 것은 작은 장애물에 해당할 수 있다. 우리는 굳이 말을 하지 않고도 눈짓만으로도 악한 자와 결탁해 악을 행할 수 있다. 그 길 끝에는 우리를 묶으려는 악한 세력들이 도사리고 있다는 것을 모르는 채 말이다.

가장 억울한 경우가 이때이다. 분을 참지 못해 내뱉은 말 한마디, 알고도 모르는 척 해준 일, 잘못 보낸 카톡 메시지 이런 것들이 가장 결정적일 때 우리를 꼼짝달싹하지 못하게 만들 수 있다. "Devil is in the details"라는 속담처럼 사탄은 사람을 통해 우리가 보낸 메시지를 디지털로 조작하게 하고, 아주 작은 말 한마디를 바꾸어 우리를 코너에 몰아넣으려고 한다.

악플 중 가장 사악한 경우가 어떤 아젠다를 가지고 미리 계획하고 접근했던 사람이 만들어 낸 악플이다. 좋은 척, 도와주는 척하며 주변을 맴돌다 건수를 만들어 작은 실수를 하게 하거나, 없는 실수를 꾸며 내어 마치 천하에 용서받지 못할 짓을 한 것처럼 사람을 몰아세우는 경우이다. 이런 사람은 미리 준비한 시나리오를 가지고 앞으로는 온라인에 악플을 해대며, 뒤로는 공갈, 협박으로 돈을 뜯어내려고 한다. 나무 꼭대기가 가장 외롭다는 말이 있듯이, 주변에 사람은 많지만 정작 마음을 터놓을 진짜 친구는 상대적으로 부족한 정치인, 연예인들은 이런 사람들에게 속기가 쉽다. 이때 '사기꾼에게 빠졌구나, 아차!' 하고 빠져나오기엔 이미 늦었다고 생각할 수도 있다.

그러나 성경은 이럴 때 일수록 자책과 고민으로 주저앉지 말고 빨리 그것을 가지고 하나님께 나와야 한다고 말한다. 공갈과 협박에 응하면, 영혼을 그대로 사탄에게 내주는 것 같다. 그러나 하나님께 나오면 하나님은 우리를 깨끗하게 해 주시고 예수님의 피로 덧입혀 주신다.

이때 사탄은 "너는 용서받을 자격도 없어"라며 내가 한 행동과 말을 생각나게 하고 나를 정죄하려 할 것이다. 큰 실수일 때는 더할 나위 없다. "너는 천하에 용서받지 못할 위인이야. 이런 일을 하다니"라고 말할 것이다. 그럴 때 크게 말해야 한다. "그래, 네가 맞아! 내가 잘못했지. 그래 죄인이야, 하지만 내가 회개할 때 하나님께서는 용서하시고, 그것을 깨끗하게 해주시고 나를 회복시켜 주신다고 하셨어"라고. 뻔뻔하게 생각될 수 있지만, 이것은 지극히 성경적인 일이다.

이렇게 하면 악플과 사람의 험담이 나를 옥죄이려 해도, 그 순간부터 예수님의 이름을 부를 수 있고, 예수님께서 회복의 길로 이끌어 주신다. 예수님의 이름을 부르면 악플과 험담이 절대 근처에 오지 못하도록 효과적으로 기도할 수 있다. 우리를 의롭다 하신 예수님께서 우리의 의가 되셔서 악플의 씨앗이 마음속에 떨어져 악의 열매를 맺게 되지 않게 도와주신다. 실제의 삶에서도 도와주는 사람들을 보내주시고 직접 개입하셔서 문제를 해결할 수 있게 인도해 주신다.

말싸움에 엮이지 마라

최근 한 친구가 자신이 당한 악플에 대해 고민을 털어놓았다. 악플을 당했는데 나 같으면 어떻게 대응하겠냐고 물었다.

얘기인즉, 오랫동안 친했던 대학동문과 삐딱선을 타기 시작했는데 일의 발단은 정말 사소한 것에서 시작되었다. 그런데 웬일인지 그녀의 대학 친구는 공격적으로 반응했다. 혹시 최근 이혼을 한 탓에 예민해져서 그러는 게 아닌가 그녀는 이해해 보려고도 했다. 그런데 그녀의 대학 친구가 동창들이 공유한 카카오 단체방에서 그녀를 상대로 공개적인 악플을 시작했다.

바로 댓글을 올려 내 입장을 정확하고 신속하게 전해야 하나? 같은 단톡방에 있는 다른 친구에게 전화해서 이러쿵저러쿵 속상함과 억울함을 털어놓아야 할까? 당장 이 친구를 만나 거짓말로 염장 지르지 말라고 화를 내야 할까?

악플 전쟁을 하면서 내가 배운 것은 상대방과 부질없는 말싸움에 엮이면 안 된다는 것이었다. 그것은 시간과 에너지 낭비이고, 더 깊은 진흙탕 싸움으로 나를 끌고 들어가는 확실한 방법이라는 것을 알았다. 물론 오해가 있다면 바로잡고 음해가 있다면 자신의 무고함을 공식적으로 말해야 한다. 적절할 때 말하지 않고 침묵하면 괜한 오해를 살 수 있다. 그러나 말꼬리를 잡히면 부질없는 말 전쟁에 엮이어 들어가 오히려 일을 크게 그르칠 수 있다.

나를 반대하는 자들이 시청의 공청회에 와서 나를 고소, 고발한다는 선전포고를 한 날, 나도 공식적인 입장을 냈다. 선거사인판을 제거한 것은 사실이지만, 나는 정당하고 그들이 지어낸 거짓 고소, 고발에 대해서는 정식으로 답변할 것이라고 했다. 그리고 그들의 언론의 자유를 존중하며 그들이 진실에 근거한 정치적인 발언을 하는 한 그것을 받아들이겠다고 했다. 그러자 이들은 내가 한 말을 악의적으로 편집해 소셜미디어를 통해 다시 공격하기 시작했다. 그 후 나는 긴 침묵과 기도로 그들을 대했다.

그들이 나를 음해하는 전단지를 지역구에 뿌릴 때는 참 고민이 많았다. 한인 상권이 집중된 쇼핑몰마다 다니며 주차장에 주차된 자동차에 내 사진과 나를 고발하는 내용을 꽂아 놓고 가니 나는 참 심각한 고민에 빠졌다. 나도 대항하는 전단지를 만들어 뿌려야 하나? 악플과 거짓말에 동요되어 나를 멀리하는 것 같은 사람들을 만날 때마다 나는 그들을 붙잡고 내 입장을 이야기하고 싶은 강한 유혹을 뿌리쳐야 했다. 왕따가 되는 느낌은 정말 참기가 어려웠다.

결론적으로 말하면, 나는 사비를 털어 이들의 전단지에 맞대응하는 일은 하지 않았다. 자세한 내막을 알지 못하는 사람들이 있을 수도 있는데, 내 입으로 그들의 거짓말을 광고할 이유가 없다는 생각이 들었다. 또 내가 그들이 공격한 말들을 되풀이할 때마다 그들의 말이 힘을 얻고 그들도 내심 기뻐하며 힘을 얻는다는 것을 알게 되었다.

악플을 내 입으로 되풀이하면 나 자신에게 저주를 퍼붓는 것과 같다고 하나님께서 생각나게 해주셨다. 악플도 받아들이기 어려운데, 내가 그런 짐을 스스로에게 지운다는 것은 가혹하고 어리석은 짓이라는 생각이 들었다. 작은 불씨에 오히려 기름을 부어 더 큰 불씨가 되게 하는 게 아닐까도 걱정되었다. 결국, 그들을 무시하는 게 상책이었다. 그러나 이들이 집에까지 와서 나와 내 가족을 공격하는 것은 나를 심히 괴롭게 했다. 그런 나를 보고 남편은 이렇게 이야기했다.

"당신은 정말 이상주의자야! 정치는 원래 그런 거야. 잘하면 참 좋은 일을 할 수 있지만, 가장 더러운 비즈니스가 될 수 있기도 해. 지금 당신에게는 두 가지 선택이 있어. 하나는 정치를 하는 내내 공격하고 비난하는 사람들을 소송하면서 돈과 시간을 쓰는 것이고 또 하나는 오리가 되는 거야. 오리가 물에 들어갔다 나오면서 깃털에 묻은 물을 털어내고 꽥꽥하며 유유히 걸어가듯, 모든 공격과 비난을 웃음으로 여유 있게 받아들이는 거야. 이건 당신의 선택에 달렸어."

오리가 되라!

참 현명하고 시의적절한 조언이었다.

하나님께 지혜를 구했다. 말싸움에 말려들지 않고 악플의 불길을 어떻게 효과적으로 끊을 수 있을지를 정확하게 가르쳐 달라고 기도했다. 그러자 악플을 자꾸 되풀이하는 것보다 말을 하려면 차라리 하나님의 말씀과 축복을 되풀이해야겠다고 생각하게 되었다. 악한 영이 내게 퍼붓는 저주를 하나님의 축복으로 대응하자는 생각이 들었다.

선거 중 나는 한국말로 된 뉴스레터를 보내며 한인 유권자들과 소통했다. 한국 사람들이 많이 사니 당연한 것이었다. 그런데 한국말을 하지 못하는 반대파 사람들은 그것을 아주 싫어했다. 그들은 캘리포니아 주 선거관리국에 몇 백 페이지가 넘는 고소장을 내며 그중에 내가 한국어 뉴스레터를 보낸 것을 가지고 문제를 삼았다.

나는 공식적으로 그들의 의견을 반박했다. 한인인 내가 한국말로 한인 유권자와 소통하는 게 무엇이 문제인지 물었다. 그러자 이번에 그들은 내가 자신들을 인종차별주의자로 낙인찍었다고 다시 나를 몰아가기 시작했다.

나와 함께 일하는 시의원들이 탄핵에 동조하지 않는 것처럼 보이자, 이번에는 시의원들의 사진을 모아 페이스북 페이지를 만들고 이들조차도 다 탄핵하자는 운동을 벌였다. 부에나팍 시의원 대부분의 자리가 날아갈 판이었다. 그들은 내가 다른 시의원들과 작당한 음모가 있다며 이것을 밝히기 위해 시의원들의 개인 전화기와 이메일을 다 조사하겠냐는 것이었다. '인종차별' '차별' '인종차별주의자' 등의 키워드로 검색 후 나온 이메일과 전화 내용을 다 넘기라는 것이었다. 말도 안되는 생떼였다. 일하기도 바쁜 내가 다른 시의원들과 이런 것을 모의할 이유가 있겠는가? 이런 반대파의 모습을 본 사람들은, 이것이야 말로 이들이 인종차별주의자라는 것을 입증하는 꼴이라 했다.

'말이 많으면 안되겠구나.'

하나님께 지혜를 간구하니, 지금부터 아무런 말도 하지 말라는 마음을 주셨다. 대신 꼭 해야 할 말이 있으면 하나님의 말씀으로 대답하라는 마음이 들었다. 그러던 어느 날, 반대파 사람들 중 한 사람을 우연히 시청 로비에서 딱 마주쳤다. 험상궂은 표정의 덩치가 큰 그를 보자 나는 마음이 저절로 움찔거렸다. 그는 나를 보자마자 분이 가득한 말로 공격하기 시작했다.

"당신은 감옥에 갈 거야. 나는 그걸 알아요(You are going to jail! I know it!)."

적어도 겉으로는 여유를 부리려고 나는 천천히 말하기 시작했다.

"뭔가 새로운 거 없으세요? 같은 말을 반복하고 계시는데 새로운 것이 없나 보죠? 없으시면 제가 말씀드리죠. 하나님께서 당신을 축복하길 빕니다. 예수님께서 당신을 사랑합니다(Anything new? You have been saying the same thing over and over. Perhaps, you have nothing new. Let me tell you something. May God bless you. Jesus loves you!)".

그는 황당하다는 듯 머리를 흔들며 뭔가를 중얼거리더니 급히 자리를 떠났다. 예수님, 갑자기 생각지도 않게 내 입에서 튀어나온 그 이름이 나를 구원해 주었다. 할렐루야!

크루즈에서 하나님께서 말씀하신 게 꼭 맞았다. 귀한 말을 하는 것이 어느 때보다 필요했고, 나를 오해의 눈으로 바라보는 사람들을 일일이 찾아다니며 내 입장을 변명하지 않아야 했다. 그렇게 하니 주님이 주신 약속대로 내게서 돌아선 사람들이 천천히 돌아오기 시작했다.

두려움이 없는 마음

악플을 겪으며 나는 하나님께 세 가지를 기도했다.

"이 시련의 끝에서 제가 이것을 넉넉히 이길 것을 기다리고 계시는 주님, 기도합니다. 왜 이런 일이 생겼는지 저는 모르지만, 하나님을 사랑하는 자 그의 부르심을 받은 자에게는 모든 것이 합력하여 선을 이룬다는 말을 믿습니다. 주님, 이 시련이 끝날 때까지 하나님에 대한 내 믿음, 내 가족, 그리고 내 건강, 이 세 가지만은 꼭 지켜주세요!"

왠지, 시의원자리 이런 것은 없어도 상관없고 이 세 가지만 있다면 언제든 나시 일어날 수 있다는 생각이 들었다. 하나님께서는 나의 이 기도를 들어주셨고, 그것보다 상상할 수 없는 더 큰 축복으로 부어주셨다.

내가 얻은 것 중, 가장 귀중한 것은 '두려움이 없는 마음'이었다. 더 이상 사람과 악플이 두렵지 않았다. 그럴 필요가 없었다. 내 존재의 가장 깊은 곳으로부터 그가 나와 함께 하신다는 누구도 흔들 수 없는 확신이 생겼기 때문이었다.

이렇게 두려움이 없어지자 하나님께서는 새로운 사역의 문을 열어 주셨다. 나처럼 두려움에 눌려 있는 여성들을 만나게 되었고, 그분들의 두려움을 위해 함께 기도할 수 있게 되었다. 나와 기도하는 여성들이 두려움에서 조금씩 해방되는 것을 보는 것은 큰 기쁨이었다.

히스패닉 주민인 킴은 가정폭력 피해자였다. 일하지 않는 남편을 대신해 두 아이를 먹여 살리며 생계를 이어 갔다. 캘리포니아에서 자동차는 필수품이고, 그녀는 남편의 이름으로 등록된 차를 타고 일터에 나갔다. 남편은 이것을 무기로 삼았다. 남편을 정말 떠나고 싶었지만, 일하러 갈 차가 없었기 때문에 그녀는 남편을 떠날 수 없었다.

술만 마시면 난폭해지는 남편은 어느 날 그녀와 아이들이 타고 있는 차를 뒤에서 자신의 차로 박았다. 이 일로 킴은 아이들의 안전을 위해서라도 꼭 그를 떠나야겠다고 마음먹었다.

우리는 같이 기도했다. 자동차를 달라고 주님께 요청 드렸다. 하나님께서는 기적적으로 그녀에게 차를 마련해 주셨다. 그날 그녀는 남편을 떠났다. 그러나 그녀의 남편은 계속 그녀를 괴롭히고 위협

했다. 나는 그녀에게 하나님의 말씀을 전했다.

"남편을 두려워하지 마세요. 어렵다는 것을 잘 알아요. 그러나 당신이 그를 두려워하지 않는다는 것을 알 때, 그가 당신을 떠날 것입니다. 용기를 내세요. 예수 그리스도의 이름을 붙잡으세요."

오랫동안 두려움에 사로잡혀 있는 그녀에게 이것은 쉽지 않은 일이었다. 아이들을 위해서라도 강해져야 한다는 것을 알았지만, 남편만 보면 숨이 막혀 움직일 수가 없었다. 그러나 어느 날 술에 취해 그녀를 괴롭히기 위해 찾아온 남편 앞에서 절박해진 그녀는 "예수님"을 크게 불렀다. 그는 그 이름에 행동을 멈추었다. 다시 예수의 이름을 크게 부른 그녀의 눈에서 더 이상 두려움을 볼 수 없게 되자, 그는 더 이상의 괴롭힘은 의미가 없다는 것을 알고 그녀를 떠났다.

악플 뒤에 역사(役事)하는 악한 영도 마찬가지이다. 사탄은 우리의 두려움을 먹고 더 강성해져 간다. 우리가 예수님을 믿고 담대히 그들을 마주할 때, 사람을 통해 우리를 무너뜨리려 하는 그 악한 힘은 우리를 떠나게 된다.

이번에는 에이미를 만난 사건이다.

그날도 지역구를 걷고 있었다. 반대파의 공격을 막는 방법은 더 열심히 일하는 것밖에 없었다. 시청에서 주민 회의가 있다는 것을 알리는 전단지를 가지고 한집, 한집 다니고 있었다. 맞은편에서 한국 여자 분이 걸어왔다.

"안녕하세요!" 나는 인사를 건넸다.

그때, 갑자기 내 뒤쪽에서 남자의 목소리가 들렸다.

"대체 어디 갔다 오는 거야? 내가 당신을 믿을 수 있어야지. 컴퓨터 클래스를 듣는다고 하고 매일 남자들과 히히덕거리고, 컴퓨터만 들여다보고 있었지!"

나는 뒤를 돌아보았다. 그러자 그녀는 어느새 내 뒤에 와 몸을 숨겼다. 그녀와 남자 사이에 선 채 나는 남자를 바라보았다.

"제 남편이에요. 도와주세요." 그녀는 내 뒤에서 속삭이듯 얘기했다.

순간, 나는 멀쩡해 보이는 그 남자가 정신병을 앓고 있는 것을 감지했다.

"지금 저에게 소리를 지르는 건가요? 더 이상 가까이 오면 경찰을 부를 거예요. 당신은 저와 당신의 아내를 위협하고 있어요. 멈추지 않으면 경찰을 부르겠습니다."

그는 재빠르게 자기가 나왔던 열린 차고 문을 통해 집으로 돌아갔다.

근처에 있는 우리 집에 그녀를 데리고 왔다. 그녀에게 예수님을 전했고, 언제든 도움이 필요하면 내게 연락을 하라고 했다.

이렇게 하나님께서는 내게 많은 여자 분을 보내주셨다. 대개는 가정폭력이나 누군가에게 괴롭힘을 받고 있는 사람들이었다. 겁에 잔

뚝 질려, 어디에 하소연할 곳이 없는 여자 분들이 대부분이었다. 때로는 정부의 좋은 보조 프로그램을 그들에게 소개해 주었고, 친구 변호사들에게 돈만 벌지 말고 가끔 좋은 일도 하고 살자며 반강제로 무료법률 일을 시키기도 했다.

그 후에도 악한 목적을 가진 사람들은 나의 마음을 흔들어 보려 했다.

어디서 무슨 이야기를 들었는지 어떤 사람이 내게 나에 대한 영상이 있다는 것이었다. 말투를 보니 마치 나를 도와주는 척, 생각해 주는 척하며 그런 소문이 돈다고 걱정스러운 얼굴로 말했다.

"무슨 영상이요"라고 물었다.

그녀는 설명할 수 없는 표정으로 나를 물끄러미 보고 있었다. 나는 이 말을 어떻게 받아들여야 할지 순간 기도했다.

'아, 나를 찔러 보려고 그러는구나.'

나는 그분에게 여유로운 웃음을 지었다.

"저는 부에나팍시의 K-pop 스타가 아니에요. 하나님의 나라에는 정말 정확한 영상이 있는 거 아시죠? 그것은 우리 모습뿐 아니라 우리의 마음과 생각도 다 찍혀 있어요. 그런 영상을 말씀하시는 거라면 그런 것은 찍힌 적이 있어요. 하늘나라에 있는 영상을 빼고는 다 가짜 영상이에요."

그는 조용히 떠났다. 나는 두려움에서 완전히 벗어났고 십자가의 예수님과 함께 승리했다. 기도로 두려움에 눌려 있는 사람들을 섬기며, 나는 내게 있던 두려움의 영이 언젠가부터 떠났다는 것을 알게 되었다.

사람들이 무서워 지지 않자, 조직적으로, 집단적으로 다가오는 모든 정치적인 압력도 견딜 수 있었다. 나의 정치적 계산과 이익보다

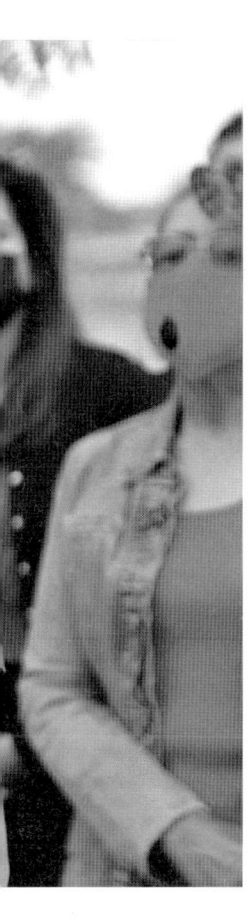

예수님의 이름으로 세상의 풍조와 싸워가며 그의 나라와 그의 권세를 위해 두려움 없이 앞으로 나갈 수 있는 강한 마음이 생겼다.

하나님께서 내게 어떤 차선책도 남겨두지 않으신 것은 참 놀라운 '신의 한수'였다.

"하나님, 제게는 플랜B가 없어요."

만일 반대파의 공격이 그렇게 거세지만 않았더라면, 아니 그들이 내게 빠져나갈 조그만 문만 열어 두었어도, 나는 쉬운 길을 택했을 수도 있었다. 그러나 벼랑 끝에 몰린 내가 할 수 있었던 것은 오로지 예수 그리스도의 이름을 창검 삼아 앞으로, 앞으로 나갈 수밖에 없었다.

내 심장에 더 이상 두려움은 없었다.

Fearless, Valiente!

기도문

두려움을 이기기 위한 기도

하나님 아버지,
주님을 믿는다고 하면서도 사람들의 말때문에 불안, 두려움, 염려, 근심, 절망과 낙담으로 마음이 무겁습니다. 지금 제가 주님의 자녀답지 않게 마음을 지키지 못하고 있음을 고백합니다.

하나님이 주시는 마음은 두려움이 아니요, 오직 절제와 능력과 사랑의 마음인데, 제가 느끼는 감정은 이것과 너무 멀게 느껴집니다. 하나님께로부터 오지 않은 모든 부정적인 감정으로부터 벗어날 수 있도록 주님의 도움을 기도합니다.

뱀과 전갈을 밟으며 원수의 모든 능력을 제어할 예수님의 권세를 믿고 나아갑니다. 이 시간 예수 이름으로 명하노니, 나를 두렵게 하고 공포와 걱정, 공황장애, 우울감을 주는 부정적인 생각들은 내게서 멀어질지어다. 이런 부정적인 마음은 즉시 파쇄되고 내게서 떠나갈 지어다.

죽음의 권세에서 저를 자유케 하신 예수그리스도께서 제 안의 두려움으로부터 구원해 주실 것을 믿습니다. 두려워 말라, 놀라지 말라, 내가 너의 도움이 되리라 하신 하나님의 말씀이 제게 임할 것을 믿음으로 선포합니다.

너를 해칠자가 결코 없을지라고 말씀하신 주님의 말씀에 기대에 이제 담대한 마음, 주님의 평강이 제게 임함을 선포합니다. 내 안에 평강의 하나님께서 계심을 선포하고 하나님을 찬양합니다. 머리부터 발끝까지 주님의 보혈로 채웁니다. 오직 십자가의 예수님의 보혈이 저와 저의 가정, 직장, 학교, 미래, 재정, 건강에 임할 것을 예수그리스도의 이름으로 기도합니다. 아멘.

기도에 도움이 되는 성경 말씀

- 네 짐을 여호와께 맡기라 그가 너를 붙드시고 의인의 요동함을 영원히 허락하지 아니하시리로다 (시55:22)

- 수고하고 무거운 짐 진 자들아 다 내게로 오라 내가 너희를 쉬게 하리라 나는 마음이 온유하고 겸손하니 나의 멍에를 메고 내게 배우라 그리하면 너희 마음이 쉼을 얻으리니 이는 내 멍에는 쉽고 내 짐은 가벼움이라 하시니라 (마11:28-30)

- 내가 너희에게 뱀과 전갈을 밟으며 원수의 모든 능력을 제어할 권능을 주었으니 너희를 해칠 자가 결코 없으리라 (누가복음 10:19)

- 하나님이 우리에게 주신 것은 두려워하는 마음이 아니요 오직 능력과 사랑과 절제하는 마음이니 (딤후1:7)

- 사랑 안에 두려움이 없고 온전한 사랑이 두려움을 내쫓나니 두려움에는 형벌이 있음이라 두려워하는 자는 사랑 안에서 온전히 이루지 못하였느니라 (요일4:18)

악플과 왕따
죽어가는 인생 살리기

Chapter 6

내게 온 하나님의 사람들

길거리 노숙자의 시장
내 친구, 마릴리아
인디언 추장의 기도
부모의 중보기도

악플과 왕따
죽어가는 인생 살리기

*How to fight cyberbullying
and win in Christ Jesus*

부에나팍시의 히스패닉 어머니들과 함께

사람 때문에 많은 일을 겪었지만, 또한 사람 때문에 모든 시험을 견딜 수 있었던 것은 정말 하나님의 오묘한 섭리인 것 같다. 하나님께서 보내주신 하나님의 사람들, 그들의 중보기도는 사람을 통해 나를 무너뜨리려는 사탄의 역사를 파쇄하는 다이너마이트 같은 엄청난 힘을 가지고 있었다. 부족한 나를 통해 부에나팍이라고 하는 작은 도시에 하나님의 나라와 권세가 확장되는 역사를 이루어 낸 숨은 영웅들, 바로 중보기도의 용사들이었다.

그들은 악플 때문에 생겨난 엄청난 오해에도 불구하고 나를 믿어주었다. 중보기도자들의 첫 번째 기도는 성령님의 도움으로 내게 돕는 사람들이 생기도록 하는 것이었다. 그러자 전혀 누구인지 모르지만, 페이스북 커뮤니티에서 내가 악플로 난도질당하고 있을 때, 용기 있게 나를 옹호해준 천사 같은 사람들이 생겼다. 반대파들은 조금이라도 나를 옹호하는 사람이 있으면 으름장을 놓고 협박하며 공격했다. 그러면 어디선가 나타난 도움의 손길은 반대파의 기운에 눌리지 않고 이렇게 말했다.

"이제 그만 좀 둘 때가 되지 않았나요?"

"아니, 이 공간이 당신들 것이에요?"

"대체 써니박 말고 다른 거 얘기할 거 없으세요? 당신들이 이렇게 나오니까 오히려 써니박이 우리 시에 얼마나 중요한 존재인지 알겠네요!"

반대파의 기세가 꺾이는 게 눈에 보였다.

아! 빨리 친구들을 많이 만들어야겠구나. 사람들의 손가락질에 자꾸 숨고 싶어도 함께 하는 친구들과 싸워나가며 도움을 받아야 한다는 것을 배웠다.

가만히 지켜보니, 악플을 하는 사람이야말로 왕따인 것 같았다. 익명을 써가며 컴퓨터 뒤에 숨어 악한 말로 남을 괴롭히는데 희열을 갖는 사람들, 그들이야말로 사회에서 왕따들이고, 나도 자기들처럼 왕따로 만들어 가는 걸 기뻐하는 것이었다.

'절대 이들의 말에 내 인생이 갇히게 둘 수 없어!'

악플을 더 이상 읽지 않기로 했다. 페이스북 계정을 닫으면 내가 하고 있는 시정 활동을 알릴 수 없고 그들이 만들어 내는 나쁜 말들만 퍼질 거 같아 나의 활동을 계속 올렸다. 긍정적인 내용, 커뮤니티를 밝게 할 내용을 올리며, 내 속이야 어떻든 악플에도 불구하고 당당하게 활동을 이어갔다. 뻔뻔해질 필요가 있었다. 대신, 벌떼처럼 몰려와 악플을 달아대는 그들을 철저히 외면하고 읽지 않았다. 대단한 자제와 인내가 필요했지만 나의 정신건강을 위해 꼭 필요한 일이었다. 내가 꼭 알아야 하는 일은 따로 사람들이 알려주었다. 눈물 나게 고마웠다.

"하나님, 도움이 필요합니다. 친구들을 많이 보내주세요!"

오프라인에서도 많은 응원자를 보내 달라고 기도했다. 그러자, 하나님께서 전혀 생각지도 못한 친구들을 보내주셨다. 바로 길거리 노숙자들이었다!

길거리 노숙자의 시장

문제투성이었던 내 선거가 지나고 2020년 한차례 내가 사는 지역에서는 지역선거가 있었다. 많은 한인이 시의원으로 당선이 되었고, 나도 그들을 한껏 축하했다. 그런데 이상하게 마음 한편에 슬픈 감정이 올라왔다.

'왜 내 선거는 그렇게 어려워야 했나?' 이슈투성이었던 내 선거에 비하면 무난히 선거에 당선된 것처럼 보이는 그들을 보며 생각했다. 선거사인판 사건 때문에 막상 당선되고도 당선이 되지 않은 것 같은 시간을 보내며 마음을 졸여야 했던 나, 그저 머리를 파묻고 제발 이 폭풍이 잘 지나가길 바라고 있었던 시간들이 생각났다.

Big Bob 목사님과 홈리스 사역을 나갔다. 홈리스들이 있는 곳을 찾다가 어느새 애나하임에 있는 한인 기독교 라디오 방송인 복음방송국 근처에 왔다. 주차장에 세 명의 노숙자들이 모여 있길래 우리는 그들에게 가져온 샌드위치를 나누어 주기 시작했다.

목사님의 여동생 Diamond가 갑자기 노숙자들에게 큰소리로 말했다.

"여러분, 여기 오늘 누가 온지 아세요? 부에나팍시 시장님이 여기에 왔어요."

나는 Diamond에게 쓸데없는 말을 한다며 눈짓을 했다.

그러자, 샌드위치를 받던 한사람이 물었다.

"이름이 뭐예요?"

"써니박입니다."

그 노숙자분은 배가 고픈지 샌드위치를 꺼내 먹으며 나를 보고 말했다.

"아니, 당신은 선거푯말 때문에 경찰에 잡혀간 그 사람 아니에요?"

길거리 노숙자분들까지 내 이름을 알다니 순간 당황했다.

"그 케이스는 어떻게 되었나요? 도대체 어떻게 당신이 시장이 되었죠?"

상황이 너무 당황스럽고 웃기기까지 했다.

"재판했는데 판사가 멍청한 케이스라고 하며 기각시켜 버렸어요."

그는 내가 건넨 물을 마시면서 말을 이었다.

"나도 억울하게 법원에 가본 적이 있죠. 이렇게 거리에서 살다 보면 참 별일을 다 당하니까요."

이런 대화를 나누다 보니, 날이 추워 빌딩 뒤 수풀 속에 숨어 있던 노숙자들이 하나둘씩 나와서 나를 둘러싸고 있었다. 그중 길거리 생활에 초췌해진 모습이었지만 보기에도 키가 크고 인물이 훤칠한 사람이 말했다.

"앞으로 시청에서 무슨 일이 있으면 저한테 연락하세요. 제가 이래도 미국 육군에서 캡틴이었거든요. 군인 유니폼을 갈아입고 가서 시장님을 위해서 제가 대변해 줄게요."

울어야 할지 웃어야 할지, 그에게 같이 기도하자고 했다.

"하나님, 저는 이분이 직장도 잡고 꼭 가족에게 돌아가시길 바랍니다. 다음에 만날 때는 길거리가 아니라 부에나팍 시청에서 만날 수 있게 해주세요! 아멘."

Big Bob 목사님은 웃으며 말했다.

"길거리 소문이 얼마나 빠른지 이제 알겠죠? 이 노숙자들도 다 투표권이 있는 거 알죠? 그들은 써니박이 다른 정치인들과 다르다는 것을 알았을 거예요. 다른 정치인들은 다 와인과 돈이 있는 정치후원 행사에나 다니지만, 써니박은 그 시간에 거리에서 노숙자들과 함께 하고 있잖아요? 앞으로 그들이 나와서 표만 찍어 주면 써니박은 캘리포니아 주지사도 될 수 있을 거예요. 허허!"

나는 모든 정치인이 다 와인과 돈이 있는 정치후원 행사에만 다니는 것은 아니라고 말했지만, Big Bob 목사님은 무엇이 그리 즐거운지 하와이안 훌라춤을 추며 하늘을 향해 십자가 목걸이를 번쩍 들어 올렸다.

내 친구, 마릴리아

마릴리아, 그녀는 꾸준히 그리고 간절하게 하는 중보기도의 위력을 보여준 귀한 친구다.

어느 날, 나는 한인 시니어 체조모임으로부터 초대를 받았다. 한인 시니어들이 모여 매일 공원에서 체조를 한다는 것이었다. 가보니 백여 명 정도가 모여 맨손체조를 하고 있었다. 그 많은 한인들 사이에 내 눈에 유독 띄는 두 명의 히스패닉 여자들이 보였다. 그들은 즐겁다는 듯 웃으며 모르는 한국말을 따라 열심히 맨손체조를 하고 있었다. 체조가 끝난 후 시니어들에게 인사를 드렸고, 히스패닉 여자들에게도 다가가 손을 내밀었다.

"시의원님, 공원을 걷다가 한국식 맨손체조가 신기해서 따라 했어요."

그녀들과 얘기를 하는데 무슨 얘기 끝에, 나도 모르게 "하나님은 참 좋으신 분이죠"라고 했다. 그녀는 놀란 듯 자신이 시청 근처에 있는 작은 교회의 목사인데 시간이 되면 새벽예배 때 한번 교회로 오라고 했다. 전혀 뜬금없는 얘기였다.

'시청 근처? 아침에 눈이 떠지면 하나님께서 가라고 하는 것이니 어떤 교회인지 한번 가봐야겠다.' 이렇게 생각하며 잠자리에 들었다. 아침 일찍, 그 시간에 눈이 딱 떠져 차를 몰고 교회로 갔다. 가보니 교회 푯말은 없고 창고들이 모여 있는 어두운 건물이었다. 한참을 망설이다 나는 용기를 내어 건물로 들어갔다. 어제 본 여자 목사님은 마이크를 손에 들고 열심히 기도하고 있었다. 예배낭으로 들어온 나를 본 그녀는 갑자기 마이크를 손에서 떨어뜨렸다.

"오 하나님, 이분이 정말 오셨군요!"

왜 이렇게 놀랄까?

"어제 오라고 해서 왔죠."

그녀는 자신의 이야기를 했다. 자신은 백인 남편과 그 장소에서 20년 정도 목회를 했는데, 흑인과 히스패닉 피가 섞여서 시에서 많은 인종차별을 받았다는 것이었다. 20년 전 한 목회자로부터 언젠가 자신이 어떤 한 사람을 통해 시와 함께 일하게 될 거라는 말을 들은 적이 있어 매일 시를 위해 중보기도를 해왔다는 것이었다.

'써니박이 그 사람일까?' 잠을 자러 가며 그녀는 생각했다. '혹시 써니박이 내일 교회에 오면 어쩌면 그 사람이 하나님께서 내게 말씀해준 그 사람이 아닐까?'

그런데 내가 그 새벽에 그녀의 교회에 걸어 들어온 것이다.

SNS를 전혀 하지 않는 그녀는 내가 어떤 일을 겪고 있는지 전혀 알지 못했다. 나는 내가 처한 상황을 이야기해 주었다. 그러자, 그녀는 나와 함께 기도해 주었다. 그녀의 입에서 나온 기도는 다음과 같았다.

"하나님, 저는 어릴 때부터 이렇게 기도했어요. 세상은 왜 이렇게 불공평한가요? 왜 저는 다른가요? 믿지 않는 사람들에게는 모든 일이 쉬운데 왜 저에게는 그렇지 않나요? 저의 길만 너무 어려운 거 같아요."

내가 바로 기도하던 내용이었다.

'세상은 왜 이렇게 불공평한지?' '믿는 게 왜 이렇게 어려운지?' '왜 나는 세상에서 항상 왕따로 느껴지는지?'

나를 이렇게 느끼게 만든 이유가 있었다. 중학교 때 나는 한 선생님을 통해 세상은 든든한 뒷배경만 있으면 잘못한 일도 아무렇지 않게 넘어갈 수 있는 부조리한 곳이라는 것을 알아 버렸다.

경주로 수학여행을 간 날이었다. 선생님은 술을 많이 마셨다. 그 선생님은 평상시 성적인 농담을 좋아하고, 여자 선생님들이나 여학생들과 일부러 몸을 부딪치는 등 조금 이상했다. 나는 정말 열심히 그를 피해 다녔다. 언제나 술에 취한 듯한 그의 눈이 너무 싫었다.

여행을 마치고 학교로 돌아오는 관광버스에서 일이 생겼다. 하루 종일 맥주를 수십 병 정도 마신 듯한 선생님이 맨 뒷좌석에서 바지를 벗고 볼일을 본 것이었다. 그것을 목격한 반 아이 하나가 너무 놀라서 쇼크로 정신을 잃고 버스에서 쓰러졌다. 버스는 난장판이 되었다. 앞쪽에 앉아 친구들과 얘기하던 나는 시끄러운 비명소리에 버스 뒤로 가보았다. 의자에 눈을 감고 축 처져 앉아 있는 친구와 술에 잔뜩 취해 히죽히죽 웃고 있는 선생님이 눈에 들어왔다. 바닥에는 온통 빈 맥주병이 뒹굴고 있었다.

나는 버스가 학교에 도착한 즉시 교장실로 달려갔다. 소풍 중에 일어난 일을 다 알렸다. 당연히 선생님이 징계를 받을 거로 생각했다. 그런데 며칠이 지나도 선생님에게는 아무런 일도 일어나지 않았다. 알고 보니, 선생님의 아내가 학교의 이사장과 친인척 관계라는 것이었다. 술에 많이 취해 정신이 없어 실수는 했지만, 자연적인 생리 현상이었기 때문에 어쩔 수 없었다는 변명으로 일은 마무리되었다. 속 터지게 정신을 잃은 반 아이는 아무것도 기억할 수 없었다.

아슬아슬하게 상황을 모면한 선생님은 그 후 나를 슬슬 피했다. 하지만, 이상한 농담을 하며 학생들을 만지며 괴롭히는 행동은 여전히 위험 수준을 넘어갔다. 나는 점차 말수가 줄어들었고 혼자 있는 시간도 많아졌다. 빨리 학교를 떠나고 싶었다. 어른이 되면 그릇된 행동을 배경과 연줄 때문에 봐주기 식으로 처리하는 사회 부조리를 반드시 바로잡겠다고 결심했다.

그러나 막상 어른이 되자 세상의 흐름을 거스르고 사는 것이 그리 녹록치 않았다. 크리스쳔으로 말씀에 충실하며 사는 것도 너무 힘들게 느껴졌다. 세상의 방식대로 적당히 타협하고, 거짓말하고, 아부도 하면서 살아야 하는데 좁고 곧은 길을 가는 것이 어려웠다. 오히려 모두가 성경의 말씀대로 살려고 노력하는 나를 이상하게 생각하는 것 같았다. 세상에선 왕따가 된 기분이었다. 그러나 예수님을 알아버린 내가 세상의 방법을 따를 수도 없는 노릇이었다. 성경과 현실과의 괴리감에 나는 하나님께 그런 불평을 많이 늘어놓곤 했다. 마릴리아는 그것에 대해 말하고 있었다.

"하나님께서는 당신의 이런 기도를 오랫동안 듣고 계셨습니다. 이렇게 말씀하고 계십니다. 딸아, 이 싸움은 나의 싸움이다. 그들은 너를 상대로 싸우고 있다고 생각하지만, 사실 그들은 나를 상대로 싸우고 있는 것이다. 세상을 만들고 주관하고 있는 나, 너를 만들고 너를 통해 일하는 나를 상대로 싸우고 있다. 그러니 걱정하지 마라. 이 싸움은 나의 것이기 때문에 내가 승리할 것이다. 내 안에 머물러라.

그러면 너는 나와 함께 승리할 것이다."

아멘! 그동안 참아왔던 눈물이 멈추지 않고 흘렀다.

그 후 마릴리아와 그녀의 중보기도팀은 나를 위해 4년 동안 매일 기도해 주었다. 그러자 부에나팍시에서 가장 많은 인구수를 가진 히스패닉 커뮤니티가 나를 돕기 시작했다. 나는 그렇게 히스패닉 부모들과 자녀들을 위해 기도해 주고 그들의 멘토가 되어 주었다.

얼마 후 아시안 혐오범죄로 커뮤니티가 어려울 때, 나는 시에서 인종차별을 타파하기 위해 인종관계 발전위원회를 구성했고, 마릴리아를 위원회의 위원으로 임명했다. 그녀는 모든 인종이 하나가 되어서 함께 하는 사회를 만들기 위해 그 후 인종관계 발전위원회의 의장으로도 일하게 되었다. 모든 것을 하나님의 섭리 가운데 예비하시고 성취하심을 보며 감사했다.

인디언 추장의 기도

언뜻 우리는 우리가 정치인을 선출한다고 생각하지만 그렇지 않다. 구약의 스토리는 왕들을 세우기도, 낮추기도 하시며 인류의 역사를 주관하신 하나님의 이야기로 가득하다. 하나님을 믿지 않는 왕들조차도 우리의 머리로는 이해할 수 없는 하나님의 오묘한 섭리 속에서 예수님의 재림이라는 하나님의 구속사를 이루시기 위해 쓰임 받았다.

현대의 정치인들은 구약으로 치면 왕들과 비슷하다. 사람들의 민생을 책임지고 다스리고 있기 때문이다. 물론, 선거에 당선되었다고 모두 하나님의 사람은 아니다. 하나님의 편에 서 있는 사람과 하나님을 대적하는 자, 하나님께 쓰임 받다 떠나서 악의 편으로 가버린 사람들, 이기기 위해 하나님을 이용하는 사람들, 여러 종류의 사람들이 있다. 그러나 예수님께서는 정사들이나 권세들이나 모든 것의 만물의 주인 되시는 분이다.(골로새서1:16) 어느 누구도 그분의 권세에서 벗어날 수는 없다. 정치인들에게 많은 힘이 주어진 만큼, 하나님은 더 많은 책임을 물으실 것이다.

내가 시장으로 임명되기 한 달 전, 시의회에서의 일이다.

청교도의 나라인 미국에서는 각종 정부 관련 회의를 기도로 시작한다. 대개 개신교 목사님들이 오셔서 기도를 해 주시거나, 오랫동안 시에서 활발히 활동하던 유대교 랍비가 와서 토라 경전에서 나오는 지혜를 나누어 주는 것이 우리 시의 전통이었다.

그런데 그날 시의회 미팅에 인디언처럼 보이는 다섯 명의 사람들이 나타났다. 의원석에 앉아 있던 나는 참 이상한 일이라 생각했다. 회의록을 보니, 11월이 아메리칸 인디언의 달로 새로 지정되었고, 그것을 축하하기 위해 시의원 중 한 명이 아메리칸 인디언들을 초대했다는 것을 알게 되었다.

그들 중 한 사람, 작고 주먹코를 가진 인디언 남자가 내 의원석 맞은

편에 앉아 나를 가만히 쳐다보고 있었다. 왠지 모르게 싸한 느낌이 나를 감쌌다.

시의회가 시작되고 목사님의 기도 시간이 되었는데 그가 일어나 단상으로 걸어 나왔다. 순간 당황했다. '이건 뭐지?' 그는 기도 대신 작은 드럼을 치며 인디언 의식을 행하기 시작했다.

의식이 끝난 후, 시에서 준비한 기념패를 증정할 시간이 되었다. 인디언 남자와 함께 온 일행들이 그의 옆에 섰다. 자신들을 소개하는데 이들은 이 지역에서 서부 개척시대 전부터 살던 아메리칸 인디언족의 리더들이었고, 기도한 그 남자는 아메리칸 인디언 추장의 후손 정도가 되는 것 같았다. 그중 한 여자가 시에 대한 감사의 말을 전하던 중 내 쪽을 날카로운 눈으로 보았다. 그녀의 입에서 갑자기 나의 반대편이었던 전 시장을 언급하며 그분에게 감사의 말을 전하는 것이었다. 시의원 회의장에 순간 차가운 기운이 감돌았다. 전 시장이 부에나팍시에서 슬그머니 다른 주로 이사를 갔고, 시청에서는 아무도 내가 있는 곳에서 전 시장의 이름을 말하는 사람이 없었다. 다음 달이면 시의원들의 투표로 시장이 결정되는 중요한 때였다. 이상한 일이었다.

다음 날 아침, 마릴리아에게서 전화가 왔다. 다짜고짜 그녀는 내게 금식기도를 하자고 했다. 이유인즉, 전날 마릴리아와 교회의 중보기도팀에서 나를 위해 기도하는데 한 중보기도자가 환상을 본 것이었다. 어떤 추도식에 검정 촛불과 빨간 촛불이 양쪽으로 놓여 있고 그 가운데 내 사진이 보이는데 누군가가 나를 해하기 위해 죽은 자에게 기도를 올리고 있더라는 것이었다. 등골이 오싹했다.

우리는 당장 금식기도에 들어갔다. 그리고 다음 달 나는 시장으로 임명을 받았다.

부모의 중보기도

최근 한국의 학원가로부터 슬픈 소식이 들려 왔다. 오랫동안 악플과 댓글 조작에 시달려 온 스타강사가 사망했다는 것이다. 치열한 학원가에서 경쟁자가 악의적, 계획적으로 조작한 여론에 시달리던 스타강사가 뇌출혈로 쓰러졌고, 결국은 유명을 달리하게 된 것이다.

이 사건은 악플이란 영혼의 살인이고, 이것을 잘 관리하지 않으면 육신의 죽음으로 이어진다는 것을 다시 한 번 알게 해준 사건이다. 이렇게 한 영혼이 악플에 의해 무너지는 것을 목격한 아이들과 부모들은 또 얼마나 많은 상처를 입을까? 스마트폰의 사용이 너무도 자연스러운 아이들은 사이버 세계에서의 악플과 댓글에 많이 노출되어 있다. 아이들은 온라인상에서 받은 악플이나 부정적인 감정에 대해 부모에게 일일이 말하지 않는다.

자녀를 위한 중보기도는 우리가 함께할 수 없는 영역에서 악에 노출되어 있는 아이들을 위해 꼭 필요한 것이다. 부모가 자녀들을 위해 중보기도자가 되는 것은 하나님의 뜻이다. 부모는 이미 아이들을 위한 영적 권리를 하나님께 부여받았다. "예수님께서 마귀에 눌린 모든 사람을 고치셨고,(사도행전 10:38) 우리가 뱀과 전갈을 밟고 원수의 모든 능력을 제어할 권세를 주셨다."(누가복음 10:19) 그러니, 부모는 자신이 가진 영적 권위를 가지고 자녀를 위해 기도하며 아이들에게 역사하는 사악한 영을 물리칠 수 있다.

부모가 하는 중보기도의 첫걸음은 나도 모르게 부정적인 말로 자녀를 '저주'했던 것을 회개하는 데서 시작된다. 아이 앞에서 무심코 했던 부정적인 말, 아이가 없는 곳에서 '우리 아이는 이게 문제에요'라며 했던 부정적인 말, 훈육을 위해 했지만 하나님의 타이밍과 하나님의 지혜가 아닌 내 성질에 못 이겨 했던 말들은 자기도 모르는 사이에 아이를 가로막는 장애물로 작용한다. 잘못한 말이 아이를 죽이는 저주가 될 수도 있다는 것을 깨달으면 부모는 느끼게 된다. 아, 부모인 내가 내 아이에 대해 저주를 퍼붓고 있는데, 다른 사람이 내 아이에게 좋은 말을 해줄 리가 없지 않은가!

> "그들에게 이르기를 여호와의 말씀에 내 삶을 두고 맹세하노라 너희 말이 내 귀에 들린대로 내가 너희에게 행하리니" (민수기14:28)

민수기의 말씀처럼 우리의 입으로부터 나온 말이 하나님의 귀에 어떻게 들리든지 들린대로 행하신다는 말씀에 부모인 우리가 두려워해야 할 것이다. 이제 새로운 전쟁터인 사이버 세계에서 사탄은 우리의 다음 세대들에게 맹공격을 퍼붓고 있다. '너는 가치가 없어', '너는 외톨이야.', '너를 좋아하는 사람은 없어'라고 저주의 말들을 퍼붓고 있다.

중보기도는 이런 거짓말에서 아이들을 보호한다. 그러기 위해서 부

모는 아이에게 '너는 하나님의 사람이야'라고 말해주고, 아이들이 악플에 눌리지 않도록 격려해 주고 인도해 주어야 한다. 혹시 친구가 온라인에서 악플 당하고 있을 때 거기에 동조하거나 손 놓고 보고만 있는 게 아니라, 의롭게 나설 수 있는 용기 있는 크리스천이 될 수 있게 도와주어야 한다.

나아가 하나님께 아이가 이 세상에서 이루어 가야 하는 일들에 대해 기도해야 한다. 기도를 깊이 하면 하나님께서는 아이들이 겪고 있는 일들을 은밀하게 알게 해 주신다. 지금 아이의 주변을 서성거리고 있는 악한 세력들이 누구인지 느끼게 해 주신다.

보이지 않는 세계에는 하나님의 계획과 사명을 아이들의 삶에서 온전히 이루는 것을 방해하는 보이지 않는 영적 세력이 있다. 우리는 우리 아이들이 그들의 삶에 준비하신 하나님의 계획이 다 이루어질 수 있도록 계속 기도해야 한다.

기도문

자녀를 위한 기도문

하나님 아버지,
주님께서 귀한 선물로 주신 자녀를 위해 기도합니다. 자녀를 사랑한다고 하면서도, 주님의 말씀으로 잘 양육하지 못하고 제 소유물인양 인격체로 대하지 못했음을 회개합니다. 말로 자녀에게 상처 준 것을 회개합니다.
죄악으로 어두워진 세상에서 자녀가 분별력과 지혜를 갖고 굳건히 설 수 있도록 도와주실 것을 기도합니다. 제가 함께 할 수 없는 온라인이나 그룹 채팅방에서 상처받거나 따돌림 받지 않도록 보호해 주시고 하나님과 사람에게 사랑받을 수 있도록 은혜로 덮어 주실 것을 기도합니다. 사이버 세계에서 자녀를 미혹하려고 다가오는 모든 악한 영으로부터 성령님께서 보호해 주실것을 기도합니다.
주님, 자녀가 괴롭힘과 어려움 때문에 절망과 죽음의 유혹을 받지 않도록 그 마음을 강하고 담대하게 해주실 것을 기도합니다. 악플과 왕따로 괴로워한다면 대화로 소통할 문을 열어 주시고, 원수 마귀가 자녀를 공격하고 힘들게 할 때 돕는 손길을 보내사 응원하는 친구들을 많이 만들어 주실 것을 기도합니다. 또한, 주변에 악플과 왕따로 힘들어 하는 친구들을 돕는 담대함과 용기를 주실 것을 기도합니다. 자녀가 하나님 창조의 목적대로 쓰임받고 하나님이 주신 꿈과 비전을 삶에서 이룰 수 있도록 축복해 주실 것을 기도합니다.
이 모든 말씀을 주 예수 그리스도 이름으로 기도합니다. 아멘.

기도에 도움이 되는 성경 말씀

● 보라 자식들은 여호와의 기업이요 태의 열매는 그의 상급이로다 (시127:3)

● 또 아비들아 너희 자녀를 노엽게 하지 말고 오직 주의 교훈과 훈계로 (엡6:4)

● 여호와를 경외하는 자에게는 견고한 의뢰가 있나니 그 자녀들에게 피난처가 있으리라 (잠14:26)

악플과 왕따
죽어가는 인생 살리기

Chapter 7

위기 중에 만난 나

마음의 치유
하나님께 속한 자
교회는 어떻게 정치에 참여해야 하나?
성령으로 리드하라
선으로 악을 이기라!

악플과 왕따
죽어가는 인생 살리기

How to fight cyberbullying and win in Christ Jesus

시민의 안전과 생명을 보호하는 소방관들의 희생과 봉사에 감사하며

요한계시록은 내가 성경에서 가장 좋아하는 장이다. 처음엔 요한계시록이 워낙 이해하기 어렵기도 하고 잘못된 해석으로 빠지기 쉽다는 선입견 때문에 일부러 멀리한 책이기도 했다. 그러나 언젠가부터 요한계시록을 읽으면 앞으로 이런 일들이 일어나겠구나 하고 생각하며, 지금 내가 사는 이 세대는 요한계시록의 어디쯤 왔을까 궁금해지곤 한다.

'악플을 하는 자들이 언제쯤 없어질까?' 이런 고민을 하고 있을 때쯤, 성경의 맨 마지막 장인 요한계시록 22장을 읽게 되었다. 뜻밖에 내 눈에 들어온 것은 거짓말을 좋아하며 지어내는 자들이었다.

> "개들과 점술가들과 음행하는 자들과 살인자들과 우상 숭배자들과 및 거짓말을 좋아하며 지어내는 자는 다 성 밖에 있으리라." (요한계시록 22:15)

거짓말을 좋아하고 지어내는 자라니, 이것은 온라인에서 근거 없는 악플을 만들어 내고 그것을 사실인 양 퍼 나르는 자를 말하는 게 아닌가? 그런 자들이 성전 안이 아니라 성전 밖에 있다는 것에 마음은 놓였지만, 한편 그들이 성경책의 맨 끝장까지 등장한다는 것은 참 실망스러웠다.

결국, 악플을 하는 사람들은 피할 수 없구나!

그러고 보니 악플하는 자들은 리더와 공존하는 사람들이었다. 사람의 눈에 띄지 않으면 사람들에게 비판과 판단을 받을 이유가 없기 때문이다. 리더이기 때문에 당연히 받아들여야 하는 게 악플과 비판이다.

아무도 알아주지 않던 무명의 연기자와 가수가 갑자기 인기 스타가 되면 오래전 학교폭력 문제나 여러 사생활 문제가 드러나는데, 요즘처럼 SNS가 발달해 있는 세상에 누군가의 악플 하나로 어렵게 얻은 인기를 한 번에 날리는 경우도 종종 있다. 이러한 과정이 마치 성공을 위한 통과의례처럼 되어 가고, 폭로 전쟁과 법정소송으로 한동안 시끄럽다. 스캔들을 이겨서 인기를 지속하는 사람도 있고, 스캔들에 눌려 인기를 뒷전으로 하고 사라지는 사람도 있다.

여기서 중요한 것 한 가지를 짚고 넘어가야 한다. 모든 글이 다 악플은 아니다. 예민하게 모든 것을 악플로 규정하는 것도 리더가 할 일은 아니다. 왜냐하면, 비판을 받아들이는 것은 자기발전을 위해서 꼭 필요한 일이기 때문이다.

그럼, 어떻게 받아들이지 말아야 할 악플과 받아들이고 생각해 봐야 하는 좋은 비판을 나눌 수 있을까? 에베소서 4장 29장에서 31절은 우리에게 좋은 잣대가 된다. 성경은 우리에게 모든 악독과 노함과 분냄과 떠드는 것과 비방하는 악의로 비롯된 말을 버리고, 오직 덕을 세우는데 소용이 되는 말, 선한 말, 듣는 자에게 은혜를 끼치는 말을 하라고 한다.

그러기 위해 우리는 내가 하는 '말', 내가 듣는 '말'을 하나님의 관점에서 검토할 필요가 있다. 그 말이 선한 의도에서 나온 말인가, 그것이 남을 세우기 위해서 한 말이었는가, 또 가장 적절할 때 하는 말인가 기도해 보아야 한다. 온라인 댓글이나 남이 없는 데서 하는 뒷말이라면 내가 하고 있는 그 말을 직접 당사자에게 할 수 있는지도 생각해 봐야 한다. 내가 들은 말, 내가 해야 할 말에 대해 즉시 반응하고 입을 열기보다 그것을 성령님께 가지고 나아가야 한다.

강한 멘탈은 하나님 앞에 잠잠히 서 있을 때 얻어지는 것이다.

마음의 치유

리더도 사람인지라 남이 퍼붓는 비판과 비난으로부터 마음을 잘 관리하지 않으면 마음이 상한다. 사람은 영, 혼, 육으로 되어 있는 전인격적인 존재다. 세 가지 영역은 서로 유기적으로 긴밀히 연결되어 있다. 마음, 즉 혼을 잘 관리하지 않으면 성령님이 임재하고 계시는 나의 영도, 죽을 때까지 내가 써야 할 육신도 영향을 받을 수밖에 없다. 악플에 시달리는 사람이 갑자기 병에 걸리는 것도 악플을 잘 관리하지 않으면 우리의 마음이 병들고, 영과 육체까지 괴롭히기 때문이다.

악플 때문에 마음이 상하면 관계가 깨지고, 쓴 뿌리가 생기고 그로 인해 하나님께서 내게 주신 부르심에서 멀어질 수 있다. 즉, 나를 악플에 맡기면 악플 뒤에 있는 악한 영에 속아 하나님이 주신 고귀한 사명을 놓칠 수 있다는 것이다.

또 리더가 하나님 앞에서 마음을 잘 관리해야 하는 이유는 나의 결정이 조직의 문화와 방향을 결정하기 때문이다. 리더의 마음에 분함이 있고 삐뚤어짐이 있으면 어느새 조직도 그렇게 되어간다.

모두 용서하라! 하나님께서는 내게 나를 오해하고 비판해 대고 나쁘게 이야기하는 모든 사람을 용서하라고 하셨다. 처음에는 그게 참 어려웠다. 대상이 교회 사람인 경우는 더 그랬다. 특히, 선거사인판 사건을 꾸민 사람 중에는 정치색이 다른 한인 크리스천들과 목회자들이 있었고, 그들을 용서한다는 것은 극한의 자기부인을 필요로 하는 고통스러운 일이었다.

어느 날 지역구의 어떤 분에게 전화가 왔다. 어느 교회의 장로님이었다. 그런데 전화를 받자마자 그분은 다짜고짜 화를 내시며 부에나팍시가 왜 이렇게 돌아가느냐, 당신이 한인 교계를 위해 한 일이 있으면 말해보라는 것이었다.

대체 뭐를 가지고 그러는 건지, 당황스럽게 통화를 마치고 나니 '마리화나가 부에나팍시에서 팔리지 않게 막았고, 옆 도시인 훌러튼시에서도 아이들의 안전을 위해서 마리화나를 팔지 못하도록 노력했는데 그걸 얘기할 걸…' 장로님의 갑작스러운 분노폭발에 제대로 말도 못 한 내게 스스로 화가 났다.

'저렇게까지 이야기할 이유는 없지 않나? 내가 세상 죄를 다 지고 가는 예수님도 아니고…'

전해 듣기로 장로님이 최근 어떤 사역 관련 일로 소송에 묶여 마음이 편치 않다는 것이었다. 한동안 나는 그분의 빌딩을 일부러 피해 다녔다. 그러자 하나님께서는 이런 생각을 주셨다.

"그도 네가 섬겨야 할 커뮤니티의 한 부분이다."

생각해 보니 그랬다. 그도 시에서 비즈니스를 하시는 분이고, 내가 섬기고자 출마한 이 도시의 한 부분이 아닌가? 섬김의 자리에 있는 리더가 된다는 것은 고슴도치 같은 사람도 다 끌어안아야 하는구나! 어느새 마음이 스르르 풀리고 있었다.

하나님께 속한 자

팬데믹을 지나면서 사람들은 더 고독해지고 있다. 혼밥, 혼술 등 혼자 있는 것을 즐기는 은둔형 외톨이도 늘어났다. 모두가 깊은 관계를 원하지만, 어떻게 관계를 맺어야 하는지 방법을 잊어버린 것 같다. 이런 불만을 컴퓨터 뒤에 앉아, 카톡과 메신저로 풀고 있는 것이 우리가 살아가는 방식이다.

이것은 요즘 젊은 세대에게 복음을 전하는 것이 어려운 이유이기도 하다. 그들도 복음에 목말라 하지만 예수님과 어떻게 관계를 맺어야 하는지 알지 못한다. 사람과의 관계조차도 얇아지고 짧아졌는데, 예수님과 영혼 깊숙이 존재적 관계를 나누는 것에는 익숙지 않은 것이다.

'나랑 무슨 상관이야!'

나와 상관없는 사람에게 일도 관심이 안 가는 것처럼 예수님이 나와 상관이 없다면 그분에게 내 삶을 내어드릴 이유도 없다. 그러나 믿음의 가장 핵심은 바로 여기에 있다.

'나는 예수님과 어떤 관계를 가지고 있나?'

인생이 한번 뒤집힐 때, 삶에서 중요한 결정을 내려야 할 때, 바로 그때 우리는 예수님을 아는 사람과 그렇지 못한 사람을 구별할 수 있다.

내가 지금도 기도하고 있는 한 뉴욕대학교 친구가 있다.

로스쿨에서 입학 통지를 늦게 받은 탓에 나는 대학교 기숙사에 들어가지 못했다. 맨해튼에서 집을 구하는 것은 그야말로 하늘의 별 따기였다. 어렵게 학교도 가깝고 내가 파트 타임으로 일하던 KPMG라는 미국 회계사 회사에서도 가까운 Salvation Army에서 운영하는 Markle Residence라는 여성 기숙사에 들어갔다. 기숙사에서는 아침과 저녁을 주었는데, 식당에 가면 뉴욕대나 파슨스 디자인스쿨, 맨해튼 음대 등에 다니는 여자 유학생들이 많이 눈에 띄었다.

식당에서 우연히 동석한 여학생들과 말을 나누고 눈여겨보다가, 믿는 자매들을 모아 기숙사에서 금요일 저녁 성경공부를 했다. 세계 모든 문화의 집결지 맨해튼, 학생이라 돈이 많지는 않았지만 하나님과 젊음이 있으니 우리는 세상을 다 가진 것 같았다. 같이 성경공부를 하고, 학생들에게 주는 싼 티켓을 구해 브로드웨이 쇼도 보러 다니고, 록펠러 센터에 가서 아이스 스케이팅도 하고 참 즐거운 시간을 보냈다.

성경공부 그룹이 제법 커진 이유는 부산 사투리를 시원하게 쓰는 동생뻘 여학생 때문이었다. 둥글둥글 여러 사람들과 잘 어울리고,

없는 살림에 남에게 많이 퍼주는 그녀는 우리 그룹의 전도대장이었다. 학교를 졸업한 후 나는 아쉽게 자매들과 헤어져 남편이 있는 오렌지카운티로 이사 왔다. 그런데 어느 날, 한 친구로부터 우리의 전도대장이 무슬림 남자하고 결혼한다는 얘기를 전해 들었다.

청천벽력 같은 소리였다. 하고 많은 사람 중에 크리스천이 무슬림과 결혼을 하다니 믿을 수 없었다. 당장 전화해 결혼을 결사반대했지만, 부모도 막을 수 없는 일을 내가 어떻게 막을 수 있겠는가?

새벽기도에 나가 하나님께 나의 실망감을 말씀드렸다. 그런데 마음에 이런 생각이 들었다.

"She never knew me."

그렇구나, 그 아이는 예수님을 알지 못했구나! 우리가 아무리 교회를 열심히 다니고, 소그룹에 나가 성경공부를 하고, 많은 사람을 예수님께 데리고 오는 일을 했어도, 정작 자기가 예수님과 관계가 없다면 인생의 가장 중요한 문제에서 예수님과 상관없는 결정을 내린다.

나는 하나님의 사람! 이런 정체성 때문에 어떤 악플이나 악한 프레임도 나를 가두지 못했다. 오히려 이들의 공격에 나의 존재의 마지막을 내주지 않기 위해 참소하는 그들의 목소리보다 더 크게 나는 '하나님의 사람'이라고 외칠 수밖에 없었다.

나도 내 또래 여자들처럼 좋아하는 골프를 치고, 선데이 브런치를 먹고 고급 와인을 마시며, 살짝 몰래 피부과 시술도 받아 더 젊고,

세련된 모습으로 멋지게 정치를 해보고 싶었다. 그게 정치에 뛰어들면서 상상했던 나의 멋진 삶이었다. 그런데 막상 뚜껑을 열고 보니, 거짓 모함에 밀려 어쩔 수 없이 지역구를 다녀야 했다. 모자를 눌러쓰고, 운동화를 신고 뜨거운 뙤약볕에 시청에서 나온 전단지를 들고 시를 돌아다니다 보면, 꺼무스름해진 얼굴에 잔뜩 올라온 기미를 보며 한숨을 쉬곤 했다.

그런데 그게 바로 시를 위해 기도하길 원하는 하나님의 부르심이었다는 것을 알게 된 것은 지역구의 한곳에서 우상의 제단을 만나게 된 때였다.

그날도 찬양곡을 들으며 지역구를 걸었다. 근처 유치원을 들렀다가, 부에나팍시를 상징하는 시의 조형물이 있는 곳에 발길이 닿았다. 사람이 오기 어려운 곳에 설치된 조형물이었다. 지역구의 유일한 골프장에서 내려오면 큰길을 만나는 곳에 있어 차로 다니며 자주 보던 곳이었다. 걸어서 조형물 앞에 가보니 성모 마리아상, 과일, 꽃 이런 것이 지저분하게 널려 있었다.

'우상숭배를 하며 이곳에서 기도하고 있구나!'

어찌 보면 아무것도 아닐 수 있지만, 왠지 심상치가 않았다. 나는 사진을 찍어 시청으로 메시지를 보내며 빨리 이곳을 청소해 달라고 부탁했다.

그러고 나서 시를 구석구석을 걸어 다니다 보니, 이런 우상숭배의 잔재가 곳곳에 보였다. 새의 깃털과 핏자국 이런 미신의 산새도 보았고, 으슥한 곳에 쓰인 괴이한 낙서들도 그냥 지나칠 것이 아니라는 것을 느꼈다.

이런 우상숭배의 잔재는 구약의 성경에서나 가능한 것으로 생각했지, 지금 내가 살고 있는 도시에 있다는 것은 전혀 생각지도 못했다. 악플에서 살아남기 위해 시를 걸어 다니며 시정을 보다 보니, 그렇지 않았으면 보지 못했을 곳에 있는 우상의 제단들을 발견했고, 나는 그것을 청소하고, 시를 위한 중보기도의 제단을 쌓고 시를 걸어 다니며 하나님을 찬양했다.

"따스한 성령님 마음으로 보네 / 내 몸을 감싸며 주어지는 평안함 만족함을 느끼네 / 사랑과 진리의 한줄기 빛 보네 / 내 몸을 감싸며 주어지는 평안함 그 사랑을 느끼네 / 부르신 곳에서 나는 예배하네 어떤 상황에도 나는 예배하네 / 내가 걸어 갈 때 길이 되고 살아갈 때 삶이 되는 그 곳에서 예배하네." - 마커스 워십 찬양곡 **"부르신 곳에서"**

거룩함을 위하여

예수님의 복음을 세상에 전하는 것에 가장 큰 장애물은 무엇일까? 그것은 다름 아닌 복음을 전하는 우리들이다. 세상 사람들은 크리스천의 이중성을 볼 때 복음에서 뒷걸음질 친다. 이중적인 사람은 세상 사람들뿐만 아니라 하나님께서도 멀리하신다. 거룩함, 말과 행동에서의 깨끗함이 없이는 세상을 바꿀 수 있는 리더가 될 수 없다.

아니, 거룩하지 못한 사람은 악플의 대상이 되었을 때 악플을 이겨내기 어렵다. 사탄은 우리가 아무도 안 보는 데서 한 모든 행동과 말을 알고 있다. 가장 중요한 때, 그것을 가지고 그럴듯한 말로 사람들 앞에서 우리를 참소하며 무너뜨리려 할 것이다.

반대파들은 내가 선거자금으로 개인 물품을 샀고, 선거자금을 다 보고하지 않았다고 나를 고발했다. 이런 고발에 답신하라는 질의서가 날아왔다. 나는 차분히 소명자료를 준비해 그것들을 하나, 하나 반박했다. 시간은 걸렸지만 모든 일은 순조롭게 해결되었다. 그런데 이렇게 일이 잘 풀린 이유는 내가 특별해서가 아니었다. 그것은 젊을 때부터 하나님께서 가르쳐 주신 정직이라는 삶의 방식 때문이었다.

내가 유학생활을 할 때 한국에 IMF가 있었다. 많은 친구들이 학업을 마치지 못하고 한국에 돌아갔다. 남은 친구들은 한국 레스토랑에서 적은 돈을 받고 웨이트리스로 일하고, 몹시 어려운 경우, 노래방 도우미로 몰래 나가는 친구도 있었다. 당시 금요예배에서 가장 많이 나온 기도제목은 '용서'였다. 팁 받은 걸 다 가져가는 주방 아줌마, 성격 나쁜 식당 주인아저씨를 용서하게 해달라는 젊은이들의 순진하지만 절실한 기도였다.

그런 친구들을 보면서 내게 고민이 생겼다. 친구들은 어쩔 수 없이 법을 어길 수 있다 치더라도, 나는 반드시 법을 지켜야 하는 예비 법조인이 아닌가? 어디서 이런 마음이 들었는지 나는 이런 기도를 했다.

"하나님, 제가 변호사가 되기 위해 여기까지 왔는데, 유학생 신분으로 이민법에 저촉되는 일을 하게 되면 어떻게 좋은 변호사가 될 수 있겠습니까? 제게 있는 재정의 문제, 진로의 문제를 꼭 하나님의 방법으로 풀 수 있게 해 주세요. 하나님을 믿는 사람은 사람의 법도 지켜야 한다고 하셨으니 제가 꼭 그렇게 할 수 있도록 도와주세요."

이렇게 기도하자 성령님께서 일하기 시작하셨다.

얼마 후 샌프란시스코 지역에서 아시안 법대생들이 모이는 모임이 있어 가게 되었는데, 거기서 우연히 한국계 변호사님을 만나게 되었다. 그는 샌프란시스코의 버스회사인 바트(BART)의 법무팀에서 일하고 있는데, 내게 한국 학생이냐고 물으셨다. 샌프란시스코 지역에는 중국인들의 숫자가 훨씬 많았기 때문에 아마도 내가 중국학생일 수도 있을 거라 생각한 거 같았다.

그 변호사님께서 내게 버스회사 법무팀에서 법률 인턴십 자리가 있는데 한번 응시해보라고 하셨다. 이렇게 해서 나는 인턴십 일을 잡았고, 유학생이 쓸 수 있는 일 년짜리 비자를 쪼개서 여름을 나게 되었다. 여름이 끝나갈 무렵, 법무팀의 대표 변호사님이 아시아계 나라에 IMF가 있다고 들었는데 어렵지 않은지를 물으셨다. 그렇다고 말씀드렸더니, 그러면 학교에 다니면서 여기에서 일하면 어떻겠냐고 물으셨다. 학교에 알아보니, 로펌에서 실무경험을 하면 수업의 크레딧을 줄 수 있다는 것이었다. 그렇게 나는 스펙에 필요한 경험을 쌓고 장학금을 받으며 졸업할 때까지 일할 수 있었다.

이 경험은 내게 중요한 것을 가르쳐 주었다. 무슨 일이든 어려워도 하나님께서 보시기에, 또 사람 보기에 정직하게 하자! 그러면 하나님께서 꼭 길을 열어 주신다. 때론 이것을 지키기가 어려워 고민한

적도 있었지만, 나는 사람과 주님 앞에서 최선을 다해 정직하고자 했다.

'다, 알고 계셨구나! 하나님께서는 내가 20년 후 이런 일을 겪을 줄 미리 알고 계셨구나!'

선거자금에 대한 거짓 공격을 겪으면서 나는 정직의 길을 걷도록 훈련시켜 주셨던 하나님께 감사드렸다. 이것이 그들이 아무리 나를 공격해도 대답할 수 있는 모든 것을 가지고 있었던 이유였다.

거룩함이 없이는 우리는 어떤 일도 해낼 수 없다. 우연히 사람들에게 잘 보여서 자리를 하나 꿰찰 수는 있어도, 하나님의 눈과 사탄의 눈을 피할 수는 없다. 세상에는 악한 자들이 있고, 그 뒤에서 역사하는 악한 영이 있다. 우리가 거룩함을 잃어버릴 때 사탄의 참소가 밀려올 것이고, 거룩함을 잃어버릴 때 하나님께 온전히 쓰임 받을 수 없다. 그게 영적 원리이다.

교회는 어떻게 정치에 참여해야 하나?

미국을 만든 건국의 아버지들(Founding Fathers)은 천재적 영감으로 지구상에서 현존하는 가장 완벽한 정치제도를 만들었다. '모든 사람은 행복을 추구할 권리가 있다'라는 대전제로 만들어진 미국의 민주주의. 1787년에 만들어진 미국의 헌법은 대표제를 통한 정치참여, 개인의 자유 보장, 견제와 균형이라는 기본 원칙을 가지고 있다.

그러나 이 민주주의도 불완전한 인간이 만든 것이기에 완전하지 않다.

내가 보기에 가장 불완전한 부분은 정책과 의견이 다수결에 의해 결정된다는 것이다. 사람들은 다수의 표를 확보하기 위해 당을 짓고, 작고 큰 이익집단을 움직인다. 다수를 움직여 우리의 삶을 결정하는 '정책'을 만드는 것이 정치 활동이다. 다수의 표를 만들기 위해 정치 세계에서는 많은 '거래'가 있다. 노동조합이나 단체들의 이익을 옹호하면서 그들의 지지와 표를 확보하는 것이 그것이다. 때로 이런 과정에서 이해충돌이 일어나기도 한다. 정부의 예산은 제한된 자원이므로, 한쪽의 이익을 도와주다 보면 다른 한쪽에서는 예산을 덜 받게 되어 직·간접적인 영향을 받는다. 모든 사람을 다 만족하게 만든다는 것은 불가능하다.

이렇게 사람이 조직을 나누고, 분당을 짓다 보면 틈이 생긴다. 그 틈에 사탄이 역사한다. 우리 안에 있는 탐욕과 개인적인 이기심을 누구보다 잘 아는 사탄은 틈을 통해 역사하며, 우리가 어둠 속에서 맺지 말아야 할 많은 맹약을 맺도록 한다. 또 틈을 만들어 인종과 인종을 나누고, 사람과 사람을 나누며, 세대와 세대를 반목하게 하여 커뮤니티가 하나 되지 못하도록 한다.

하나님의 방법은 다르다. 성부, 성자, 성령의 삼위일체로 일하시는 하나님은 분리, 분열이 되지 않기 때문에 사탄의 역사가 틈탈 수 없다. 합력하여 선을 이루시는 하나님의 역사는 완전한 일치를 통해 모든 어두움과 혼돈을 파쇄하며, 인류의 역사를 예수님의 재림이라는 목표를 향해 전진시키신다.

정치 세계에서 처럼 사탄은 틈을 만들어 교회 공동체를 공격한다. 말 한마디 때문에 목회자와 성도를 깨뜨리고, 서로 반목하게 하여 교회를 무너뜨리려 한다. 그럼에도 불구하고, 음부의 권세가 교회를 넘어뜨릴 수 없는 이유는 교회를 덮고 계시는 성부, 성자, 성령의 일치됨, 이것이 사탄의 권세를 넉넉히 이기게 하신다. 지역 교회가 목회자, 직분자 그리고 성도가 하나로 서 있으면 사탄의 계략이 결코 성공하지 못하는 이유이다. 교회와 정치가 근본적으로 다른 이유도 이것이다.

미국 건국의 아버지들은 미국에서 정치와 종교를 완전히 분리했다. 죽을 각오를 하고 대서양을 넘어 도착한 신세계에서 청교도인 들은 미국에서 어떤 형태의 정부를 만들어야 할지 고민했다. 당시 영국에서는 교회가 국가의 후원을 받아 운영되는 형태였고, 로마 카톨릭을 많이 닮은 영국 성공회는 청교도인 들을 종교적으로, 사회적으로 핍박했다. 영국에서의 경험 때문에 미국 건국의 아버지들은 정치와 종교가 완벽히 분리된 형태에서만 개인의 종교생활이 보장되고 종교적 자유를 누릴 수 있다고 생각했다. 그 중 존 애덤스와 알렉산더 해밀턴 등 소수의 사람들은 정치와 종교의 완전 분리를 반대했지만, 대다수가 완전 분리를 원했고 그것이 현재 미국의 시스템이다.

미국에서 교회의 정치참여는 교회 내에서의 정치적인 발언보디는 크리스천들이 자신이 가진 귀중한 한 표를 행사함으로써 이루어져

왔다. 그러나 팬데믹을 전후로 악한 세상을 반영한 악한 정책들이 나오게 되자, 반동작용으로 의분에 찬 크리스천들은 이제 많은 정치적인 목소리를 내고 있다.

어느 시대에나 정치적 부패에 맞서 영적 각성 운동을 외치는 것은 필요한 일이고 하나님을 기쁘시게 하는 것이다. 그러나 그 반동작용이 지나쳐 선거 때가 되면 교회가 어떤 특정 정당을 위한 플랫폼이 되어 특정 정당의 후보는 예수님을 안 믿어도 혹은 성도적인 삶을 살지 않아도 크리스천 유권자들은 당연지사로 그 후보를 지지해야 한다는 극한 기독교 정치 프레임으로까지 확대되고 있다.

건강한 균형을 잃은 기독교 정치 프레임의 가장 치명적 약점은 사람의 마음을 선동하고, 당을 짓게 하고, 분을 일으켜 교회 안에서 사람들을 나누고 세대를 나눈다는 것이다. 세상에서의 정치 양극화가 교회와 가정에서의 양극화까지로 번지게 되는 것이다. 교회 본연의 사명인 '하나 됨'을 이루지 못하게 하는 것이다.

"어머니가 매일 이상한 유튜브만 보세요. 저희를 위해 기도해 주시는 것은 좋은데 종말론, 그림자 정부, 음모론 같은 유튜브만 보시고, 어머니의 정신건강이 염려돼요."

시어머니를 걱정하는 어느 젊은 며느리의 얘기였다. 추수감사절 식탁에서 정치에 대해 얘기하다 언쟁이 오갔고, 모두가 화가 나 저녁도 제대로 마치지 못하고 일어나 왔다는 것이다. 주류사회에서 활동하는 전문직 며느리의 입장에서 보면 어머니가 말씀하는 종교적 극단성과 시한부 종말론은 소설 속의 이야기이며 현실감각이 없는 허언처럼 들렸다. 순수한 믿음을 가진 성도들을 대상으로 한 기독교적 정치 프레임은 극단적 양극성을 만들고, 가정과 교회에서 같은 편끼리 싸우게 만드는 사탄의 전략에 빠져들게 만드는 것이다.

젊은 며느리의 이야기를 들으며, 나는 미국에 사는 한인들이 심각한 소통의 문제를 직면하고 있다는 것을 느꼈다. 미국에 정착한 부모 세대는 주로 자영업을 한다거나 한인교회를 다니고 한인사회에서 한인을 상대로 살아간다. 교육열이 대단한 부모덕에 한인 자녀들은 대개 좋은 대학을 나오고 주류사회에서 제법 안정된 직장을 갖는다. 자녀 세대는 주류사회 속에서 다양한 종교, 문화, 피부색깔을 가진 여러 종류의 사람들과 함께 살아간다.

"저도 학교에서 동성애 학생이 고발(complaint)을 하는 바람에 상황을 설명하느라 진땀을 빼야 했죠."

어떤 믿음 좋은 대학교수의 경험이었다. 얘기인즉, 어떤 일로 인해 동성애 학생이 교수의 말과 행동에서 차별감을 느낀 것이다. 꼭 차별해서가 아니다. 주류사회 직장에서 크리스천으로 살아가면서 알게 모르게 우리에게 묻어 나오는 성경적 사고관에 믿지 않는 주변 사람들에게 고소, 고발을 당하는 것이다. 꼭 고소, 고발까지 가지는 않아도 우리 속에 있는 성령님과 그들 안에 있는 반 그리스도적 영이 보이지 않는 영역에서 싸우고 있기 때문에 관계의 어려움을 경험한다.

그런데 자꾸 교회에서 정치색을 강하게 띤 극단적 종교관, 시한적 종말론을 듣게 되면 일종의 색안경을 끼고 미국 사회를 보게 되고, 사회에서 만나는 '나 같지 않은 사람'에 대해 편협한 생각을 하게 된다. 신앙을 지킨다는 것과 극단적 편협성은 다른 것이다. 이렇게 하면 직장에서 나처럼 믿지 않는 사람들과 올바른 관계를 맺을 수 없고, 관계를 맺을 수 없으면 영향력 있는 자리에 올라가기 어렵다.

성경은 우리에게 복음으로 세상을 변화시키라고 하는데, 정작 우리는 복음적 시각과 가치관의 차이로 나와 다른 사람들을 끊임없이 정죄하고 판단하는 것이다. 결국, 자녀 세대들이 주류사회에서 적응하지 못하고 따돌림 당하다가 하는 수 없이 자신과 비슷한 사람들이 있는 커뮤니티로 돌아오는 사례가 적지 않다. 이것이 과연 부모 세대가 원하는 자녀 세대일까?

놀랍게도 내가 만난 많은 젊은이들은 복음에 목말라하고, 예수님을 갈망하고 있었다. 어떻게 살아야 할까? 예수님 안에서 인생의 해답을 치열하게 찾으려 한다. 그런데 막상 교회에서 듣는 메시지가 죄를 사하여 주시고, 우리의 영혼을 구원해 주신 복음의 본질이 아닌, 다른 이슈들로 가득할 때 그들은 영적 고갈을 채우지 못해 허덕이게 되고 결국 교회를 떠나게 된다.

성령으로 리드하라

교회는 어떻게 세상을 리드할 것인가? 대답은 오직 기도와 말씀에 있다.

에베소서 6장 12절에서 13절은 악한 날 우리가 어떻게 세상을 이기고 또 세상을 리드할 것인지 알려주고 있다.

> "우리의 싸움은 혈과 육에 대한 것이 아니요, 정사와 권세와 이 어둠의 세상 주관자들과 하늘에 있는 악의 영들에게 대함이라. 그러므로 하나님의 전신 갑주를 취하라. 이는 악한 날에 너희가 능히 대적하고 모든 일을 행한 후에 서기 위함이라."
> (에베소서6:12-13)

십자가를 앞에 둔 예수님은 정치적 발언이나 종교적 논쟁을 하지 않으셨다. 그분은 영혼구원이라는 하나님의 임무를 완성하시는 것에 온전히 집중하셨다. 사탄의 계략에 말려 들어가지 않으신 예수님은 보이지 않는 세계에서 정치지도자들과 종교지도자들을 완전히 능가하는 방법을 알고 계셨다.

기도가 그 답이었다. 예수님의 영적 권위는 기도의 제단을 통해 생겼다. 예수님은 기도로 힘을 얻으시고 말씀으로 사역하셨다. 겟세마네 동산에서 하신 예수님의 기도는 우리가 세상과 싸워 영적 전쟁에서 승리하기 위해 어떤 기도를 해야 하나 잘 보여준다. 우리는 사람과 싸우는 것이 아니라, 보이지 않는 세계 곳곳에서 역사하는 악한 영들과 싸워나가며 하나님의 전신갑주를 입고 서 있어야 하는 것이다.

나는 시청에서 일하며 주님의 나라와 권세가 나와 함께 하시길 바라며 기도의 제단을 쌓았다. 도시 곳곳에 세워진 우상의 제단을 무너뜨리고 시청에서 일하는 사람들과 경찰들, 사업장과 주민들의 삶에 온전히 주님의 진리가 설 기도했다. 때론 정치적 압력이 무섭기도 하고 사소한 것에서 넘어지기도 했지만, 내가 할 수 있는 최선을 다했고, 내 안에 계시는 성령님께서 그들을 인도해 주시길 기도했다.

결국, 선거사인판 사건은 내게 있는 변호사로서의 오랜 경험과 다른 변호사 친구들의 도움으로 순조롭게 잘 해결되었다. 그중 한 변호사 친구는 나를 통해 예수님을 영접하게 되었다. 그러나 생각해 보니 영어를 못하고, 시스템도 잘 모르고, 아는 사람들도 없는 분들이 나처럼 경찰에 억울하게 잡혀서 법적 문제에 허덕여야 한다면 얼마나 어려울까 생각해 보았다. 잘못하다간 한순간에 인생을 망치고 폐인 되기 십상이겠구나!

이런 생각에 시장임기가 끝난 후, 나는 부자 의뢰인들을 도와드리던 유산상속변호사로 돌아가지 않았다. 대신, 미국의 공익 로펌에서 일하며 당장 집에서 쫓겨나 거리로 나앉게 될 분들, 가정폭력 피해자, 성폭력 피해자, 장애가 있는 분들, 오래된 가난의 저주와 중독, 깨어진 가정 등 어둠에 눌려 삶에서 고통 받는 분들을 무료로 변호해 드리고 있다.

선으로 악을 이기라

하나님의 나라가 나를 통해 세워지기 위해서는 나는 내가 만나는 모든 자를 무조건 사랑하고 섬겨야 한다는 것을 배웠다. 이것이 내게는 아직도 참 어려운 일이라고 고백한다.

망망대해에서 하나님께서 내게 주신 예레미야의 말씀은 나에게만 주신 것이 아니라 악한 세상을 마주한 이 시대의 모든 사람에게 주신 말씀이기도 하다.

> "여호와께서 이와 같이 말씀하시되 네가 만일 돌아오면 내가 너를 다시 이끌어 내 앞에 세울 것이며 네가 만일 헛된 것을 버리고 귀한 것을 말한다면 너는 나의 입이 될 것이라. 그들은 네게로 돌아오려니와 너는 그들에게로 돌아가지 말지니라. 내가 너로 이 백성 앞에 견고한 놋 성벽이 되게 하리니 그들이 너를 칠지라도 이기지 못할 것은 내가 너와 함께 하여 너를 구하여 건짐이라. 여호와의 말씀이니라. 내가 너를 악한 자의 손에서 건지며 무서운 자의 손에서 구원하리라." (예레미야 15:19-21)

우리는 하나님께 돌아와 악플이나 근거 없는 댓글 등의 헛된 말을 하지 않고, 귀한 말 즉, 하나님의 말을 할 때 우리를 무너뜨리려 하는 악한 자로부터 우리를 건지시는 기적의 하나님을 경험하게 될 것이다. 그리고 복음으로 변화된 뜨거운 심장으로 교회의 벽을 뛰어넘어 지역사회로, 열방으로 예수님께서 하신 일들을 증거하는 하나님의 입이 될 것이다.

기도문

거룩함과 구별됨에 대한 기도

하나님 아버지,
제가 이 세상에 태어난 것은 우연이 아니고, 하나님께서 어떤 목적과 의도를 가지고 저를 계획하시고 만드셨다는 것을 믿습니다. 그런 하나님의 뜻이 이루어 질 수 있도록 질그릇처럼 약한 저를 주님께 매일 내어 드리며 성령님을 제 삶에 초대합니다.
세상의 풍조를 쫓아 육신의 정욕, 안목의 정욕, 이생의 자랑을 위해 살지 말아야 하는데 온라인이나 오프라인의 세계에서는 이런 것만을 추구하도록 저희를 유혹합니다. 미혹의 시대를 살아가며 주님을 위해 철저히 구별된 삶, 거룩한 삶을 사는 것이 너무 어렵습니다.
성령님께서 도와주시지 않으면 절대 불가능한 일임을 고백합니다. 혐오와 다툼과 극단적 생각들로 제가 영적 균형을 잃어버릴 때 오직 저를 살리실 예수의 복음을 기억하며 다시 주님 앞에 돌아올 수 있도록 주님 은혜 베풀어 주시옵소서. 제 삶을 향한 주님의 계획과 뜻을 예수님의 보혈로 덮고, 방해하는 모든 악한 세력과 싸우며 예수님의 이름으로 나아갑니다. 예수님의 의를 위해 살며 박해받을 때, 유혹받아 마음이 흔들릴 때, 주님 저를 주님의 강한 오른팔로 잡아주시고, 성령의 능력으로 함께 하셔서 진정으로 이 시대를 바꾸고 움직일 수 있는 영적 거장이 될 수 있도록 주님, 축복해 주실 것을 기도합니다.
하나님의 선하시고 기뻐하시고 온전하신 뜻을 알기 위해, 이 세대를 본받지 않고 오직 제 몸을 거룩한 산 제사로 올려드립니다. 주님께서 저와 제 가정, 저의 재능과 저의 삶을 써 주실 것을 위해 간절히 기도합니다.
이 모든 말씀을 주 예수 그리스도 이름으로 기도합니다. 아멘.

기도에 도움이 되는 성경 말씀

- 하나님의 뜻은 이것이니 너희의 거룩함이라 곧 음란을 버리고 (살전4:3)

- 평강의 하나님이 친히 너희를 온전히 거룩하게 하시고 또 너희의 온 영과 혼과 몸이 우리 주 예수 그리스도께서 강림하실 때에 흠 없게 보전되기를 원하노라 (살전5:23)

- 무릇 그리스도 예수 안에서 경건하게 살고자 하는 자는 박해를 받으리라 (딤후3:12)

- 우리가 알거니와 우리의 옛 사람이 예수와 함께 십자가에 못 박힌 것은 죄의 몸이 죽어 다시는 우리가 죄에게 종 노릇 하지 아니하려 함이니 이는 죽은 자가 죄에서 벗어나 의롭다 하심을 얻었음이라 만일 우리가 그리스도와 함께 죽었으면 또한 그와 함께 살 줄을 믿노니 (롬6:6-8)

- 그러므로 형제들아 내가 하나님의 모든 자비하심으로 너희를 권하노니 너희 몸을 하나님이 기뻐하시는 거룩한 산 제물로 드리라 이는 너희가 드릴 영적 예배니라. 너희는 이 세대를 본받지 말고 오직 마음을 새롭게 함으로 변화를 받아 하나님의 선하시고 기뻐하시고 온전하신 뜻이 무엇인지 분별하도록 하라 (롬12:1-2)

에필로그

캘리포니아의 파인크레스트, 푸른 호수와 숲으로 둘러싸인 이곳에서 나는 감사한인교회에서 주관한 평신도 수련회인 Tres Dias의 강사로 참석하고 있다. 잠시 세상과 떨어져 고요하게 이 책을 마감하는 글을 써 내려 간다.

나의 고단했던 악플전쟁은 하나님의 은혜로 끝났다. 사람들이 나를 끌어내리려 하면 할수록, 나는 시의원에서 부시장으로, 그리고 부시장에서 시장으로 승진했고, 하루하루 영적 전쟁을 치러 내야 했지만 신실하신 하나님은 시장으로서 임무를 잘 감당해 낼 수 있도록 도우셨다.

나를 반대했던 사람들의 소식이 궁금했다. 몇 사람은 팬데믹 때 부에나팍시에서 다른 주로 슬그머니 이사를 갔고, 한 명은 불의의 사고로 유명을 달리했으며, 그중 몇 명은 나를 탄핵하기 위해 낸 서류에 가짜 서명을 한 이유로 선거사기범으로 기소가 되었다고 한다. 쉴 새 없이 악플과 댓글을 해대던 사람들도 썰물이 지듯 온라인상에서 사라졌다.

그리고, 나는 사람을 용서하고 사랑하는 법을 배웠다. 정치적인 발언으로 시작된 그들의 말이 사람들의 입을 거치고 악플과 댓글의 모습을 한 괴물로 변하는 것을 지켜보며 그들의 마음은 어떠했을까 생각해 보게 된다. 그러나, 하나님께서는 그들도 내가 섬기고자 하는 커뮤니티의 한 부분이고 나의 두 팔로 품어야 할 지체라는 것을 끊임없이 가르쳐 주셨다. 이 책을 쓰면서 내 마음에 누구를 향한 어떤 원망이나 미움도 남아 있지 않다는 것을 알았다. 하나님의 완벽한 치유를 받았다는 것은 참 놀라운 일이었다.

하나님께서는 나의 경험을 가지고 세상과 무엇을 나누기 원하실까? 나는 이런 질문을 해 보았다.

"하나가 되라."

현대사회에 필요한 것은 정치적 양극화와 개인주의, 그리고 정신적으로 점점 피폐해지는 세상의 어지러움 속에서도 공통분모를 찾아 하나의 공동체를 만드는 노력을 해 나가는 것이다. 온라인 커뮤니티도 마찬가지이다. 악플과 왕따를 일삼는 문화가 아니라, 댓글의 보이지 않는 상대는 내가 사랑하고 보듬어야 할 소중한 인격체이자 공동체의 한 부분이라는 것을 알고 서로를 세우고, 격려하는 따뜻한 말을 하는 것이 절실히 필요할 때다.

사이버 세계는 국경이 없다. 팬데믹으로 인해 악한 메시지의 파급력도 커졌지만, 반대로 선한 영향력도 순식간에 세계에 퍼진다. 온라인상에서 우리가 효과적으로 소통할 수 있다면 세계 어디에서도 자신의 메시지를 드러내고 커뮤니티를 만들어 갈 수 있다. 그래서, 이 책을 통해 수많은 청소년들이 온라인에서 받은 상처와 부정적인 경험에서 치유받고, 나아가 글로벌 리더로 성장하길 바란다. 많은 교회의 자라나는 청소년들이 온라인을 통해 효과적으로 소통하는 방법, 악플과 왕따를 피하는 방법, 악플과 왕따로 상처 입은 사람을 돕는 방법 등을 배워 강력한 글로벌 리더십을 가진 크리스천으로 자랄 수 있게 되길 바란다.

선거사인판 사건으로 나는 참 많은 사람들을 얻었고 그들에게 큰 사랑의 빚을 졌다. 모든 중보기도자들과 부족한 나를 사랑해 주신 많은 사람들, 특히 건강상의 이유로 지금은 노숙자 사역을 접으신 Big Bob 목사님과 마릴리아 등 사랑하는 분들께 감사의 말씀을 드린다.

또한 악플과 댓글로 어려울때 기도와 상담으로 도움을 주신 카이노스 치유 사역원의 송명선 목사님, 짧은 기간동안 책을 쓰면서 한줄 한 줄 꼼꼼히 읽어 주신 이혜영 집사님, 그리고 북디자인을 맡아주신 김용상 장로님께 감사드리고, 이렇게 귀한 책을 낼 수 있도록 기회를 마련해 주신 파워북스의 대표 남대니 목사님과 김현숙 목사님께 하나님의 크신 축복이 함께 하시길 기도한다.

악플과 싸우는 실제적인 전략

악플을 파쇄할 수 있는 가장 큰 병기는 하나님의 말씀이다. 또한, 실제 삶에서 말씀에 맞게 전략적으로 악플을 대응하는 것도 중요하다. 모두가 처한 상황이 다를 수 있지만, 내게 도움이 되었던 실제적인 팁을 적어보았다.

1. 악플에 즉시 반응하지 마라. 마음이 요동쳐도 하루 정도는 생각을 정리하고 말하라. 이것이 근거 없는 악플인지, 아니면 받아들여야 할 비판인지 고려하라. 조금이라도 받아들여야 할 것이 있으면 쿨하게 인정해라.

2. 거짓말로 하는 악플이라면 그에 대해 공식적인 입장을 표명하라. 침묵하면 그것을 사실이라 생각하는 사람들이 있다. 특히 법적인 문제로 번질 수 있다면 처음부터 자신의 입장을 분명하게 밝히는 것이 중요하다.

3. 자신의 입장을 밝히고 나면, 입을 다물고 말싸움에 엮이지 마라. 악플하는 사람이 원하는 것이 무엇인가? 자꾸 말을 하게 만들고, 말한 것을 트집 잡아 이슈를 확대하는 것이다. 말이 많으면 불을 끄는 것이 아니라, 말로 불길을 더 퍼뜨리는 것과 같다.

4. 악플을 자기 입으로 되풀이하지 마라. 사람들을 붙잡고 내 입장을 이야기하고 싶은 것을 자제하라. 사람들이 물어볼 때만 대답하라. 그때를 대비해 대답할 핵심적인 내용을 요약해서 가지고 다녀라. 가능한 한 짧게, 진실만 말하라.

5. 악플에 대한 댓글을 읽지 마라. 댓글이 꼭 여론이라 생각하지 마라. 가짜 댓글도 많다. 그것을 일일이 읽다 보면 댓글의 산사태에 압사당할 수 있다. 친구나 가족들의 도움을 받아 악플과 댓글을 대신 모니터하고 본인은 한걸음 피해 있어라.

6. 적극적으로 친구들을 만들어라. 악플을 당하면 왕따 된 것 같고, 외로워진다. 정작 악플하는 사람이 외톨이일수도 있는데 말이다. 이때 악플에 눌려 숨지 말고, 적극적으로 친구를 만들어라.

7. 성적 수치심을 유발하는 악플은 빨리 차단하고 필요하다면 경찰이나 변호사 등 전문가의 도움을 받아라.

8. 악플로 돈을 갈취하기 위한 협박이나 공갈을 한다면 절대 타협하지 마라. 어떤 경우에도 이것은 더 큰 재앙을 가져온다.

9. 용서하라. 악플을 잘 넘어서면 그릇이 넉넉한 큰 리더가 될 수 있다. 웬만한 인간관계의 어려움을 넉넉히 이길 수 있는 내공이 생긴다. 용서는 악플의 저주를 축복으로 바꾸는 필수 조건이다.

10. 온라인에서 악플로 고통받는 사람의 친구가 되어 주어라. 필요하다면, 악플하는 사람에게 괴롭힘은 옳지 못한 행동이라고 공개적으로 일침을 가하라. 그런 당신의 한마디가 누군가의 생명을 구할 수도 있다.

11. 집중력을 필요로 하는 운동을 해라. 악플로 시달릴 때 나는 필라테스를 했는데, 악플로 온통 긴장하고 웅크리고 있던 몸과 마음을 펴게 되어 참 좋았다. 자신에게 맞는 운동을 찾아 하면서 악플을 건강하게 이겨라.

12. 혼자라고 느껴지고 마음이 너무 힘들 때는 전문 상담가에게 전화해서 도움을 받자.

빌립보서 1:6

너희 안에서 착한 일을 시작하신 이가 그리스도 예수의 날까지 이루실 줄을 우리는 확신하노라

―――――

잃어버린 한마리 양을 찾으러 하셨던 예수님께서, 오늘 온라인 커뮤니티에서도 상처받고 힘들어 하는 한 영혼을 찾고 계십니다. 사이버 불링으로 괴롭힘을 받고 우울해하는 사람들의 치유와 회복을 위해 제 안에서 선한 일을 시작하신 하나님께서 그분의 크신 계획을 온전히 이루실 것을 확신합니다.

써니박

악플과 왕따 죽어가는 인생 살리기

초판 1쇄 발행	2024년 6월 3일
지은이	써니박
펴낸이	남대니
편집진행	남예인 이혜영
디자인	이룸커뮤니케이션
마케팅	고재한 김현숙
펴낸곳	(주) 4차산업
주소	충남 아산시 배방읍 고속철대로 147. 2층
대표전화	070 8898 8822
팩스	041 552 3929
ISBN	979-11-976720-2-6

저자와의 협약 아래 인지는 생략되었습니다.
ⓒ 이 출판물은 저작권법에 의해 보호를 받는 저작물이므로 무단 전제와 복제를 할 수 없습니다.

책값은 뒤 표지에 있습니다.